JN236889

佐藤英郎
アチーブメント株式会社
取締役 主席トレーナー

COACHING

プレイングマネジャーのための

新 図解 コーチング術

2週間で人を育てる
55の最新メソッド

アーク出版

まえがき

ここ10年で、企業の現場は激変しました。

以前はマネジャーとプレイヤーとの区分けは明確でした。プレイヤーが自ら商品をつくる人であり、あるいは、商品を売る人であるのに対し、マネジャーは、ビジョンを策定し、仕組みをつくり、プレイヤーを管理し、育てる人でした。

したがって、まず、プレイヤーとして十分に訓練を受けてからマネジャーとなり、そこから部下を育てるというマネジャー業に専念していたのです。

しかし、社会の急激な変化は多くの企業から余裕を奪いました。直接、お金を生まない専任のマネジャー職は縮小され、プレイヤーとマネジャーとを兼務させるプレイングマネジャーが誕生したのです。

現在、多くのマネジャーは、自らもつくる人、売る人として個人目標をもち、しかも部下を育て、組織目標も達成させるという責任を担っています。

「部下と関わる時間がとれない」「部下とのコミュニケーションがうまくいかない」「部下のやる気を引き出せない」「部下が辞めてしまう」……現場のリーダーの悩みは尽きません。

どうしたら、部下の主体性を引き出し、自ら考え行動する部下を育てることができるのでしょうか。

その答えが「コーチング」です。

コーチングとは、「その人の目標達成に向けて、自発的な行動を促進させるためのコミュニケーション」の総称です。コーチングが、部下の主体性を引き出し、部下育成にとって効果的であることは、いまや誰もが認めるところです。

しかし、コーチングを十分に使いこなしているリーダーは、まだまだ少ないというのが現状です。

本書はコーチングの基本とコツを多くの図解とともに、わかりやすく解説しました。日々、実践すれば2週間程で、効果があらわれてくるはずです。併せて、コーチングスキルを支える考え方として選択理論心理学も紹介しています。選択理論心理学は、コーチングが心理学という側面からも人の主体性を引き出すのにいかに効果的かを説明してくれます。

部下は誰もが「育ちたい」と思っています。

試されているのは育てる側の「あなた」です。

本書が、自らも成果を追いながら、「人を育てる」という、難しくもやりがいのある仕事に取り組む、多くのプレイングマネジャーの皆さんにとって、少しでもお役に立てればこんなに嬉しいことはありません。

2010年7月

佐藤英郎

第1章 部下が育たないのは優秀な上司のせいか？

第2章 ビジネスマンの欲求はコーチングで叶えられる

第3章 部下の心が驚くほどみえてくる選択理論心理学

第4章 部下が不満を言ってきたときこそ千載一遇のチャンス

第5章　部下の能力を引き出すには仕事責めより質問責め

第8章　DiSC理論から学ぶ部下の能力をフルに発揮させる方法

カバーデザイン◎松本　桂／本文DTP◎ダーツ／本文イラスト◎内山良治・渡辺　優

第1章

部下が育たないのは優秀な上司のせいか？

Case Study 01

こんな間違った部下指導をしていませんか？

テーマ

反抗的な部下

悪い例

上司「A社の案件、うまく進んでいるの？」

部下「うまくいってますよ。どうしてですか？」

上司「前回、クレームになったので、今度は大丈夫だろうかと思ってね」

部下「僕を信用できないって言うんですか？」

上司「別にそんなこと言ってないよ」

部下「そう聞こえますよ」

上司「どうして君は、いつもそう反抗的なんだ」

部下「反抗なんかしていませんよ。信用できないなら、そうとハッキリ言えばいいじゃないですか」

上司「もういい！」

なぜいけないか

❖反抗的な部下は、いきなり「うまく進んでいるの?」と特定質問から入り「YES／NO」で答えさせようとすると、責められているように感じる。たとえ、心配だったとしても、部下からすると、「今度は大丈夫だろうかと思ってね」などと言われると、信用されていないと思ってしまう。

良い例

上司「A社の案件、大変だね。ご苦労さま」
部下「いえ」
上司「前回、クレームになったのは残念だったけど、君のことだから今度はうまくいくと信じているよ」
部下「はあ」
上司「私にサポートできることがあったら協力したいので、細かい状況について報告してもらえないか」
部下「はい、わかりました」

なぜ、良いか

◉クレームがあったが、「今度はうまくいくと信じている」と期待と信頼を伝えているので意識が前向きになりやすく、さらに「サポートしたい」と伝えているので、部下としては応援されている気持ちになる。「細かい状況について報告をする」という具体的な行動が導かれており、責めるニュアンスがなく、上司の協力的な姿勢が伝わる。

◀◀◀部下を育てる指導については本文で◀◀◀

01

そもそも上司の仕事とは何か？

まず何よりも自分より優秀な部下を育てること

管理職研修で私が参加者に、よくする質問が、

「そもそも上司の仕事とは何でしょうか？」

というものです。

参加した皆さんからは、さまざまな答えが返ってきます。

「部下を管理することです」

「私はプレイングマネジャーなので、部下の目標を管理しながら、自らも成果をあげることです」

「会社の方針を、部下に納得させることです」

こうした答えのいずれもが、間違いではありませんが、じつは本質を捉えているとはいえません。

「上司である」ということは「部下がいる」ということで、「部下がいる」ということは「組織を担当している」ということです。そこで**上司に求められるのは「組織目標を達成する」ということ**になります。

たとえ、上司個人が目標を達成しても、その上司が担当する組織の目標を達成していなければ、上司としての仕事をしたとはいえません。

その反対に、上司個人の目標が達成できなかったとしても、担当する組織が目標を達成していれば、上司としての職責を一応、果たしているといえるのです。

●優秀な上司とは

優秀な上司の順に並べると次のようになります。

①組織目標を達成し、自分の個人目標も達成している……最高の上司です。

②組織目標を達成したが、個人目標は達成していない。

③組織目標は未達、個人目標は意地で達成。

④組織目標は未達、個人目標も未達……最悪の上司です。

さて、上司に組織目標を達成することが求められるとすれば、その組織のために、しなければならない仕事として部下を育てることがあげられます。

部下が育たなければ、どうなるでしょうか。

上司が一人だけで、いつまでも第一線で頑張り続けますか？

仕事のピラミッドは変化する

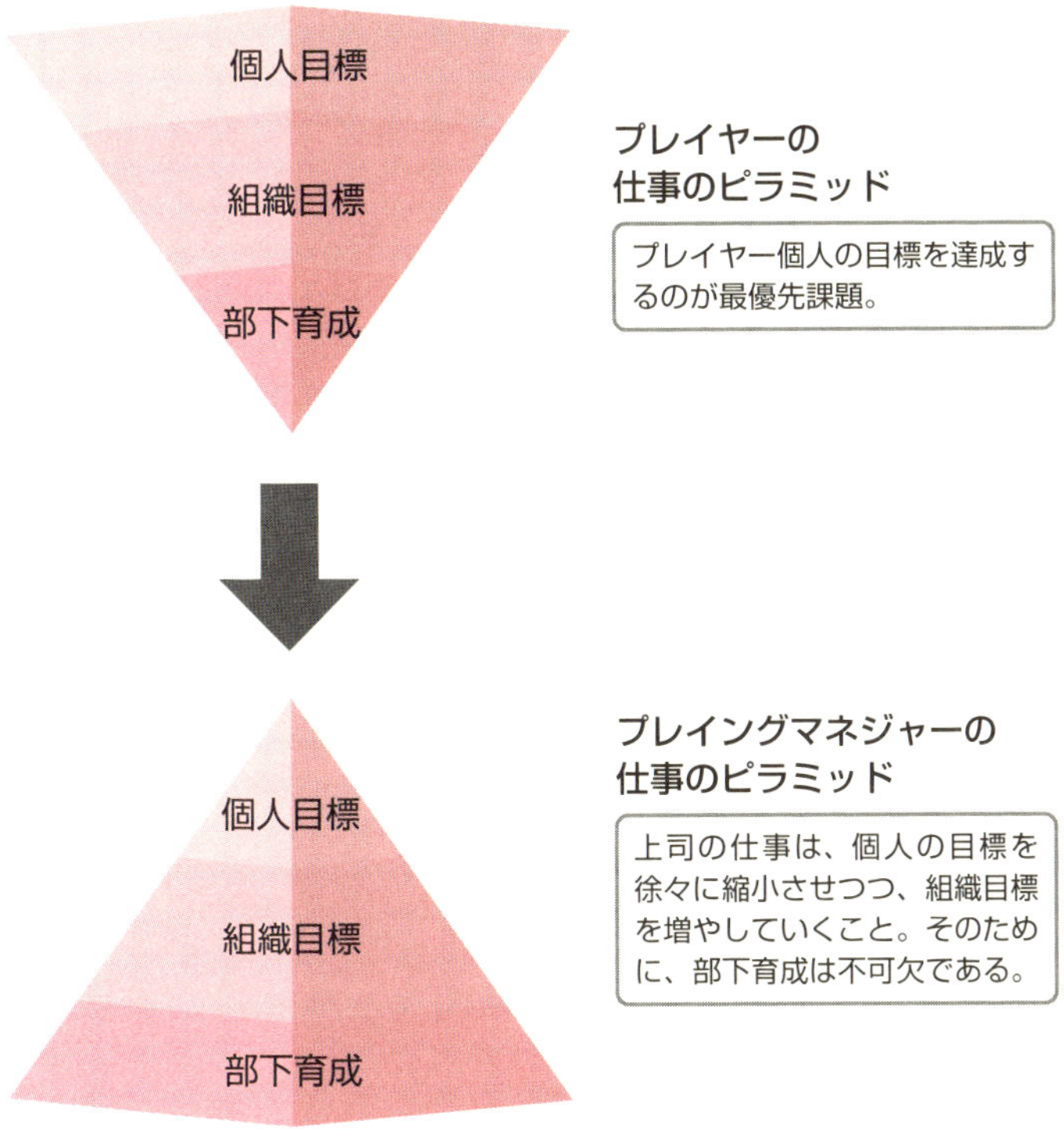
個人目標
組織目標
部下育成
プレイヤーの
仕事のピラミッド
プレイヤー個人の目標を達成するのが最優先課題。
個人目標
組織目標
部下育成
プレイングマネジャーの
仕事のピラミッド
上司の仕事は、個人の目標を徐々に縮小させつつ、組織目標を増やしていくこと。そのために、部下育成は不可欠である。

一人の人間にできることには限界があります。たった一人で組織目標を達成することなど、とうていできません。

上司の仕事は、組織目標を達成するために部下を育てることです。しかも**自分よりも優秀な部下を育てることができたとすれば、それこそが優秀な上司**ということになります。

『1分間マネジャー』の著者として有名な、ケン・ブランチャード博士は次のように言っています。

「上司が支払わなければならない最悪のコストは、いつまでたっても自分でやらなければならないことだ」

いかがでしょう。優秀な部下を育てることが、上司にとって、どれほど重要な仕事であるか、おわかりいただけましたか。そして、上司が部下を育てるスキルを学ぶことの必要性を、ご理解いただけましたか。

02

「部下が育つ」ことの本当の意味

部下が主体性をもって自ら行動すること

部下を育てるというとき、3つの観点から考える必要があります。「知識」「スキル」「マインド」の3つです。

知識についていえば、たとえば営業であれば、提供しようとしている商品知識は不可欠です。もちろん、お客様に関する知識や、お客様の業界の知識なども必須です。

営業スキルでいうなら、アポを取るスキル、ニーズを引き出すスキル、プレゼンするスキル、高度な交渉のためのクロージングスキルなどがあり、これらを縦横無尽に使うことができなければ、期待された結果を出すことはできません。

そして、もっとも重要なのが「マインド」つまり「心構え」です。

では、部下がどのような心構えになれば、育ったといえるのでしょう。それは「**主体性をもつこと**」です。主体性とは、自分の意思や判断で、自ら責任をもって行動すること。すなわち、部下が**言われなくても自ら進んで動くこと**です。

たとえ、どんなに知識やスキルがあっても、主体性なくしては、それらを活かしていくことができません。また、さらなる知識やスキルを身につけていくこともできません。

管理職研修のとき、受講者たちから、部下に対して必ず出てくる愚痴といえば、

「言われたことしかやらない」「求めてこない」「待っている」

といったものです。

しかし、今日のように急激な変化を遂げるビジネス環境にあって、上司は伝えるべき「答え」をもっていない場合も多いのです。

たとえ、かつてはもっていた「答えらしきもの」も、現代のビジネス環境に適応しなくなっているかも知れません。それほど環境の変化は激しいのです。

●求められる人材とは

すなわち、今日、求められている人材は、

「上司の言うことをそのまま吸収しました」

という人ではなく、

「その都度、現場で自ら考え、答えを導き出し、主体的に行動できる人」

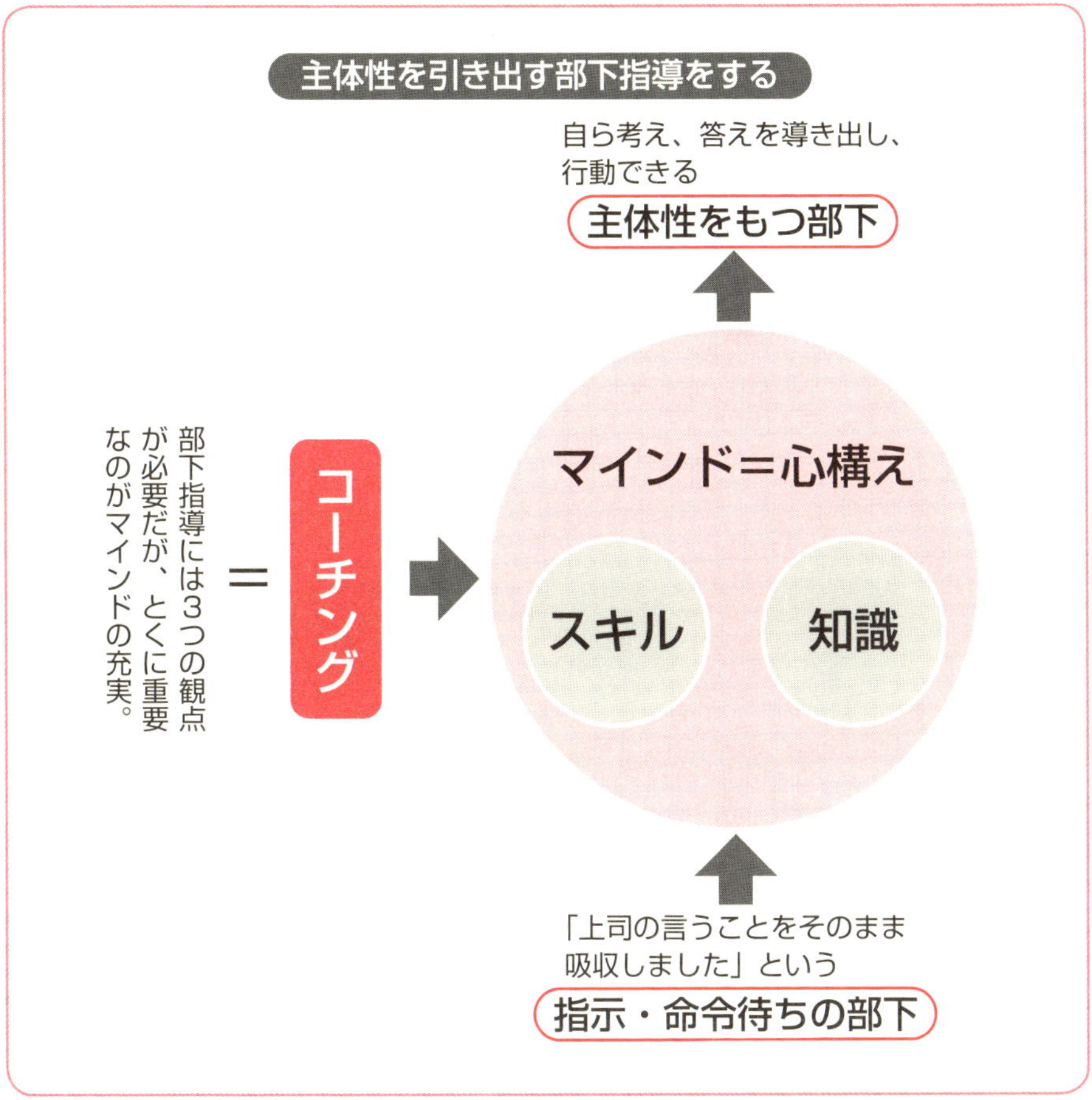
主体性を引き出す部下指導をする
自ら考え、答えを導き出し、行動できる
主体性をもつ部下
部下指導には3つの観点が必要だが、とくに重要なのがマインドの充実。
＝
コーチング
マインド＝心構え
スキル
知識
「上司の言うことをそのまま吸収しました」という
指示・命令待ちの部下

なのです。

主体的な人材がどれだけ育っているかどうかが、企業の明日の行方を左右すると言っても過言ではありません。

したがって、**上司は部下のなかにある「主体性」を引き出すことができなければならない**のです。

主体性を引き出すということは、部下の内発的動機を引き出すということです。

そのためには、部下に質問し、考えさせ、その考えを聞き、承認することで、部下の内面に、はたらきかけることが必要なのです。

従来のような、旧態依然とした上司からの「指示・命令」だけで、部下の主体性を引き出すことなど決してできません。

その「主体性」を引き出すためには、コーチングがもっとも効果的なのです。

03

プレイングマネジャーが陥る〝ワナ〟とは？

一流プレイヤーほどマネジメントが苦手

仕事ができる上司ほど、部下に仕事を任せることができません。「部下が育っていない」と考えてしまうためでしょう。また、「やっぱり自分がやらなければダメだ」という声もよく聞きます。

それは事実かもしれませんが、真実でしょうか。

従来、「管理職」といえば、社内での決裁、あるいは仕組みづくり、部下指導といった「マネジャー」業務が主でした。

バブル経済の崩壊後、日本企業はリストラを果敢に実行することと、管理職のポストを激減させることに走りました。その結果、生まれたのがプレイングマネジャーという存在です。

これは、会社側にとって、利潤を生まない専任マネジャーを置くよりも、一人の社員にマネジャーとプレイヤーとを兼務させることによって、人件費を抑えるという必要性があったためです。

ところが、そもそも「マネジャー」と「プレイヤー」とでは、求められるコンピテンシーが違います。そこで、**プレイヤーとしては一流でも、マネジメントができないという多くの中間管理職が生まれました**。

たしかに、プレイヤーとして仕事ができる人ほど、自らやったほうが早く、しかも、いい結果が出るのでしょう。

しかし、その状態のままにしておいては、将来の組織力を高めることはできません。「個人では達成できない成果を組織でつくりだす」という、組織本来の姿を実現することができなくなってしまうためです。

●永遠のプレイヤーではいられない

部下に仕事を任せられない理由として、自分のやり方でないと安心できないことや、プレイヤーでいることで、いつまでも自分が主役でいたいという上司の側の心理が影響しているかもしれません。

しかし、そもそも**人は、仕事を任されることによって成長するものです。自分の仕事だと思うから真剣になり、主体性が生まれ、達成の喜びを味わうことができる**のです。

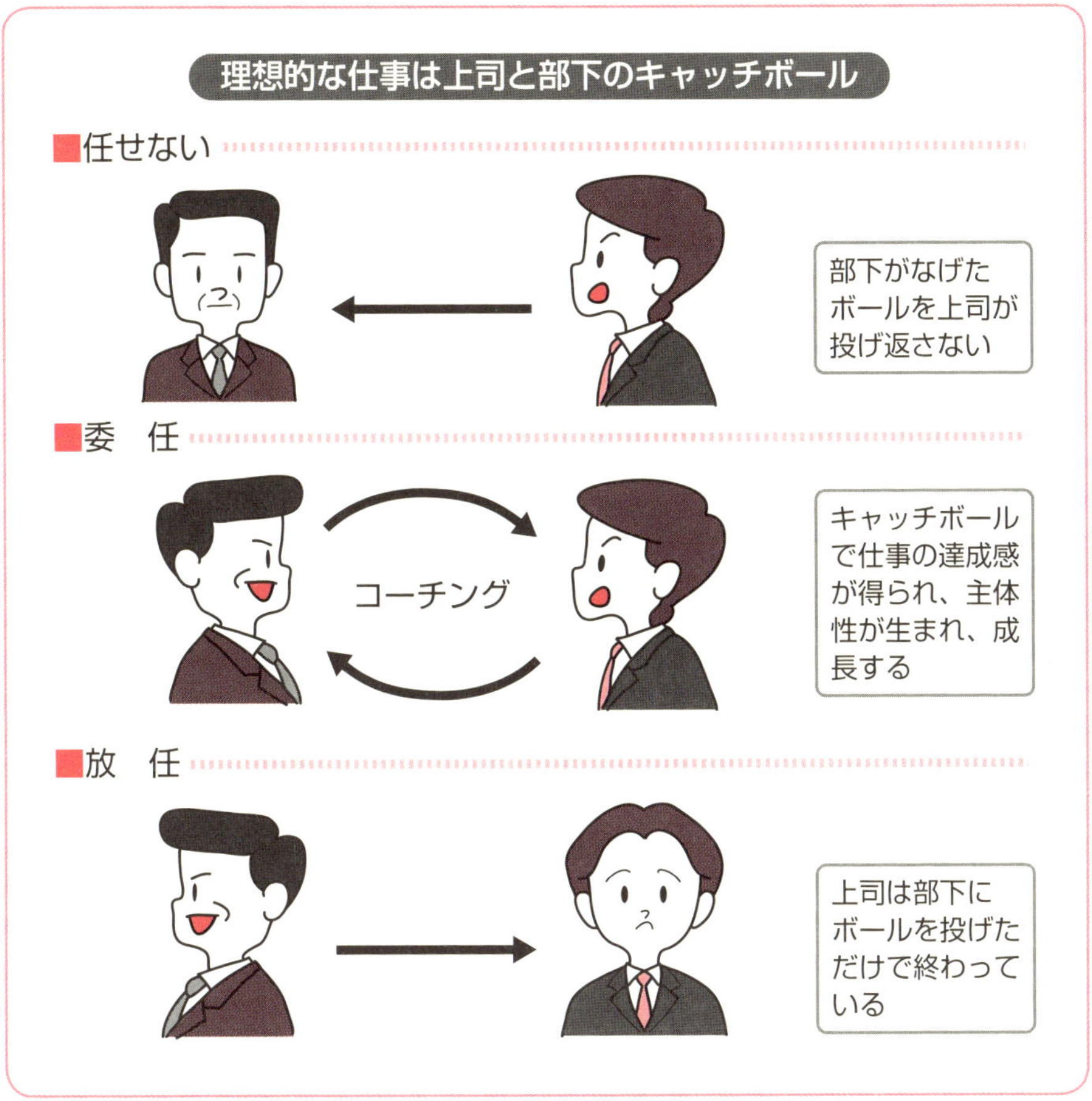
理想的な仕事は上司と部下のキャッチボール
■任せない
部下がなげたボールを上司が投げ返さない
■委　任
コーチング
キャッチボールで仕事の達成感が得られ、主体性が生まれ、成長する
■放　任
上司は部下にボールを投げただけで終わっている

いつまでも誰かの傘の下にいるようでは、決して人は育ちません。

これは、育たない部下本人にとっても、自分がやらなければならない上司にとっても、会社にとっても良い状態ではありません。

ただし、仕事を任せるといっても、放任することではありません。**任せるとは、委任することであり、責任はあくまで上司がとるもの**です。

「委任」と「放任」とは任せるという点では同じですが、放任は放つ、すなわち放っておくということで上司としての責任放棄です。

コーチングは、部下に仕事を任せるプロセスのなかでも利用できます。コーチングが機能していると、部下の主体性が引き出され、その結果、部下を信頼して仕事を任せるという状態をつくりだすことができるのです。

部下に仕事が任せられない──部課長の悩み相談室

コーチング研修のなかで「部下に仕事を任せることの重要性」を伝えると、部下に簡単には仕事を任せられないという声があがります。

代表的なのが、次のような意見です。

「そう簡単に、部下に仕事を任せることなどできません。部下の能力をしっかり見極めてからでないと不安ですし、安易に任せるのは、課長として無責任だと思います」

もちろん、安易に仕事を任せてくださいと言っているのではありません。部下の能力を見極めることは大切なことです。

しかし、私が多くの管理職と接し、また、これまで、多くの部下や社員と仕事をさせていただいて感じることは、上司はなかなか部下に仕事を任せない。とくにプレイヤーとしての仕事ができる上司ほど、その傾向が強いということです。

では、部下に仕事を任せないと、どんな弊害が生じるでしょう。

ある会社の課長研修で30名の課長さんにディスカッションをしてもらったところ、次のような意見が大半を占めました。

①部下が育たない

このことに異論はないと思います。部下は仕事を任されることによって成長します。

任されて初めて、責任意識が芽生え、主体性も生まれるのです。

②職場における仕事の「質」と「量」が低下する

いつまでたっても上司がやらなければならないとすると、どうなるでしょう。

上司一人にできることには限界があります。

上司一人が「忙しい」と言ってバタバタしている職場を想像してみてください。

ミスやクレームが多くなるばかりではなく、達成率も落ちるでしょう。

職場における仕事の「質」と「量」が低下、さらに職場から「創造力」や「活力」さえも奪われていくのです。

Column——コーチングの現場から

③有能な部下から辞めてしまう

部下は誰もが成長したい、自分の能力を高めたいと思っています。優秀な部下ほどそうです。

しかし、仕事を任せてもらえないと、職場における自分の存在意義を見出すことができないばかりでなく、成長の実感を味わうこともできません。

やる気があり、成長したいと願う優秀な部下ほど、自分がもっと活躍できる新天地を求めて去っていってしまいます。これは、会社にとって大きな損失です。

④上司である自分たちも成長しない

何より、上司自身も成長しません。

上司は部下を育て、仕事を任せることで次へのチャレンジができるのです。部下を育てず、自分の今の仕事を抱え込み続けたらどうなるでしょう。

上司自身も、使われる能力が固定化し、変化対応力なども失われていくでしょう。

⑤会社の成長が止まる

組織の成長とは、つまるところ、人の成長によってつくられます。まさに、「企業は人なり」です。

仕事が適切に任せられないことによって、上司も、部下も成長しないとすれば、当然、会社の成長も望めません。

人が成長しない会社に未来はないといってよいでしょう。

米国のポール・ソーントン（P.Thonton）は、その著書『ベストマネジャーの条件』のなかで、部下を育てるためには上司に「3つのCのリーダーシップモデル」が必要だと説いています。

その「3つのC」とは、

Confidence（自信）
　＝部下に達成感を体験させて自信を付けさせる

Challenge（挑戦）
　＝部下にテーマを与えて挑戦させる

Coaching（指導）＝任せてフォローする

のことです。

あなたには「3つのC」がありますか？

04 ティーチングとコーチングを使い分ける

初期教育はティーチング。伸びてからはコーチング

コーチングと同様に社員教育に利用されているものにティーチングがあります。しかし、このふたつは、まったく違うものです。

学校においても職場においても、従来の典型的な指導方法といえるのがティーチングで、**教師や上司が知識や技術を「教え込む」**という発想です。このティーチングの前提は「答えは教える側がもっている」というものです。

ティーチングも重要な人材育成スキルです。たとえば、新人の初期教育では基本的な知識、技術を習得させるために徹底したティーチングが行なわれます。

また、ティーチングは、教える側から教えられる側へのワンウェイ・コミュニケーションですから、「すべての人に対して、同じ内容を教える」という画一的アプローチに向いています。学校で一人の先生が40人の生徒に対して、同じ教科書を使い、同じ方法、同じ速度で授業を行なうのは、まさにティーチングです。

●引き出すのがコーチング

これに対して、コーチングの力点は一人ひとりの内側にある「可能性、能力、やる気、自信、自発性、アイデア」などを引き出すところにあります。すなわち、**コーチングとは「教え込む」ものではなく「引き出す」ものです。**

そこでとられるコミュニケーションは「質問」「傾聴」「承認」などで、ツーウェイ・コミュニケーションです。ティーチングのように、画一的な育成には向きません。

もちろん、ティーチングがいけないというのではありません。

上司が部下に仕事を任せ、主体性を引き出し、部下を育てようとするなら、ある時期からティーチングからコーチングへと移行していく必要があるということです。

ティーチングとコーチングをまとめると、次のようになります。

●ティーチングの特徴

▼知っている上司が、知らない部下の手助け（ヘルプ）をします。

▼知っている上司が、知らない部下に教えます。

ティーチングとコーチングとの違い

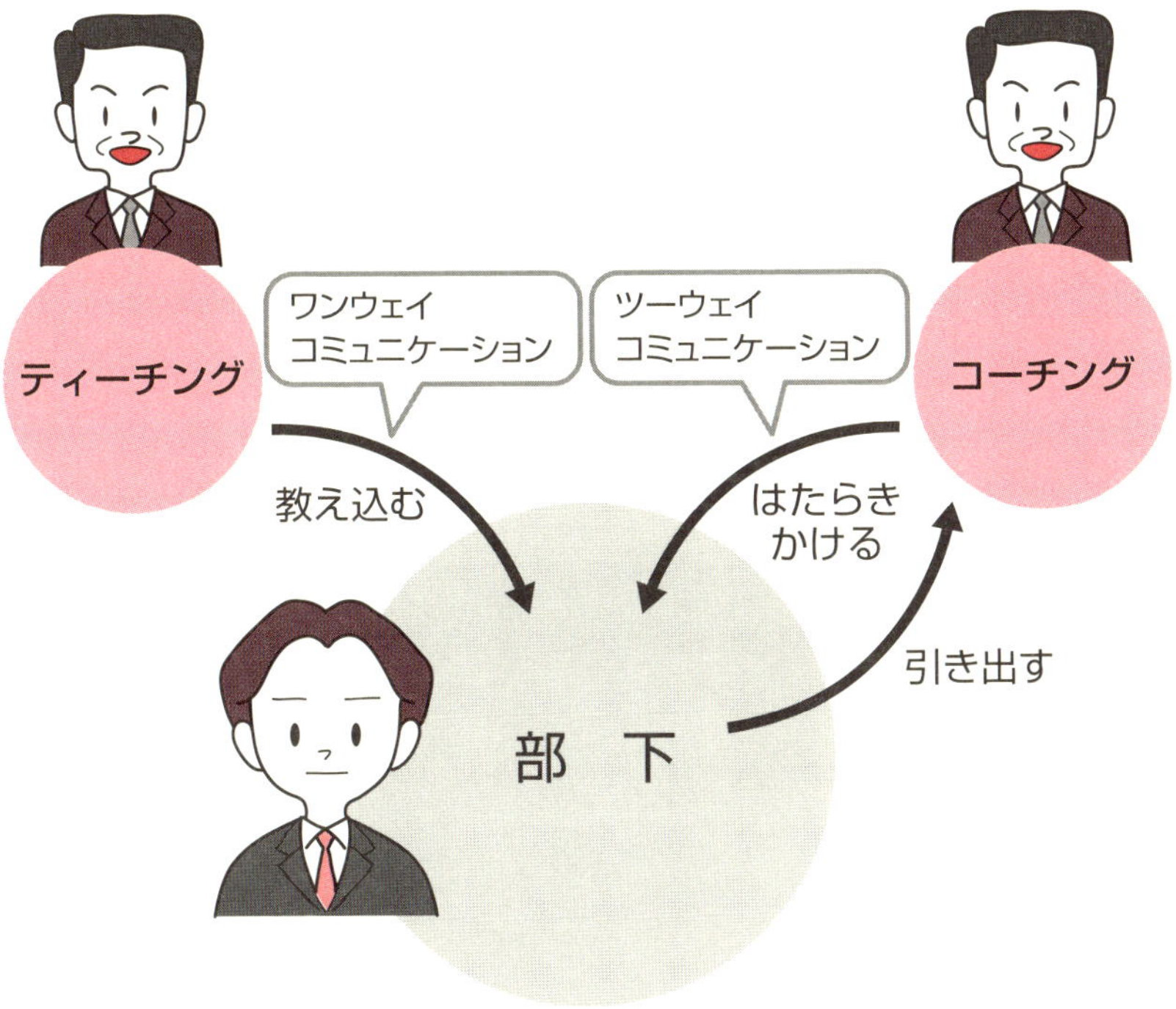

部下に一方的に教え込むのがティーチング。
部下にはたらきかけ、引き出すのがコーチング。

▼知っている上司が、部下を集めて同じ情報を伝えることによって集団指導します（一対多数）。

▼知っている上司が、話をします（ワンウェイ・コミュニケーション）。

▼上司が部下を管理・監督し、育成します。

●コーチングの特徴

▼上司が部下の目標達成を支援（アシスト）します。

▼部下に質問をし、部下の主体性を引き出します。

▼部下一人ひとりの内側にある可能性と答えに焦点を当てます（一対一）。

▼部下に話をさせます（ツーウェイ・コミュニケーション）。

▼上司が部下にはたらきかけ、部下のなかにあるものを引き出す育成になります。

05

なぜ部下は言ったときしか動かないのか?

行動を継続させるには本人の意志が必要

多くの上司は、部下が指示・命令で動くと考えています。

たしかに、指示・命令は、上司から部下に与えられる、強制をともなうワンウェイ・コミュニケーションですから、部下は当然、上司の言う通りに動きます。

日常業務の多くが、指示・命令として効率的に処理されていることは事実です。

しかし、上司と部下の関係が、指示・命令で占められてしまったら、どうなるでしょう。

おそらく、部下は考えることをやめてしまうでしょう。それは、部下の主体性が失われてしまうことを意味します。

上司の指示・命令が強ければ強いほど、その傾向は強まります。なぜなら、**部下の行動は上司の意志によるものであって、部下自身の意志によるものではないから**です。

「ああしろ、こうしろ」と指示・命令を受け、それに応えるかたちで行動しているだけでは、その行動は長続きしません。

人が行動を継続させるためには、自分の意志でやると決めることが必要です。そうでなければ、本当の意味での行動とは呼べません。

指示・命令で部下が「行動する」ことはあっても、根本的に「変わる」ことはありません。

●部下に決定権を渡す意味

人は、自ら考え、決断してこそ、主体的になり、行動を長続きさせることができます。

たとえば、親から「勉強しなさい」と言われた子どもが、本気で勉強するでしょうか。

もし、本当に勉強していたら、大勢の子どもたちが猛勉強家になっているはずです。

ところが実際は、「勉強しなさい」と言われれば言われるほど、やる気をなくしてしまうものです。

つまり、部下の仕事をつまらなくする原因が上司の指示・命令ということです。

「強制」は主体性を奪い、義務をつくりだします。

その義務からは、クリエイティビリティも工夫も知恵も成長も生まれ

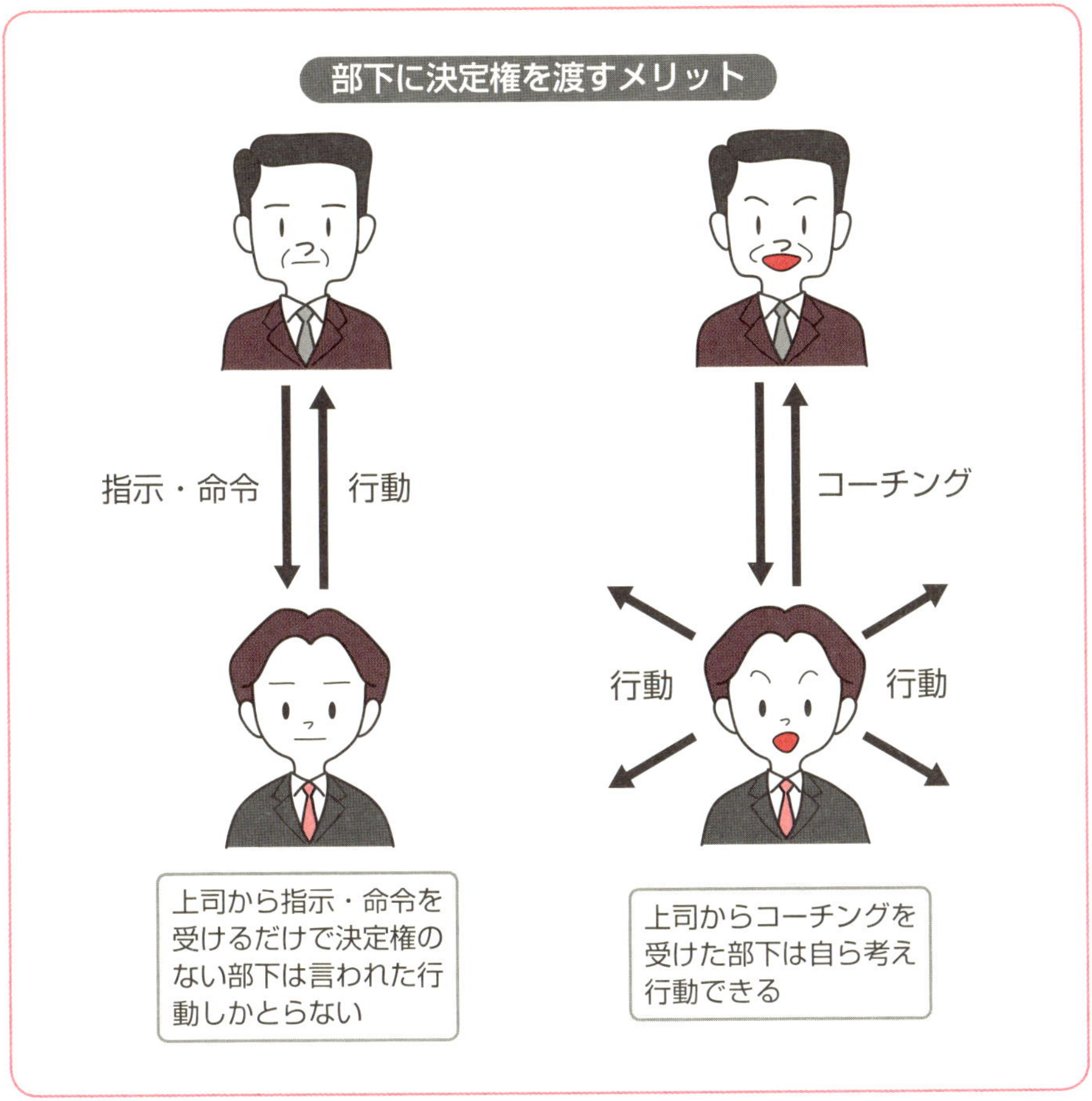
部下に決定権を渡すメリット
指示・命令
行動
コーチング
行動
行動
上司から指示・命令を受けるだけで決定権のない部下は言われた行動しかとらない
上司からコーチングを受けた部下は自ら考え行動できる

てはきません。

多くの上司は部下に、「仕事だからやれ」と言います。

しかし、たとえ部下が仕事をしたところで、部下自身の主体性が奪われてしまっているのです。

部下は、言われたときは動くかもしれませんが、「そのときだけ」の行動です。

部下に自ら継続的に動いてもらいたいと思うなら、指示・命令で占められていたコミュニケーションを改善する必要があります。

コーチングでは上司の「指示・命令」を「提案」に置き換え、部下に決定権を渡します。

そうすることで、「部下が、自分で決めて自分で行動している」という状況をつくりだすことができるのです。

06 人材育成が会社の緊急課題では遅すぎる

部下育成は最重要だが緊急の仕事ではない

仕事は、その「緊急性」と「重要性」とのふたつに分けて考えることができます。

「緊急なこと」と「重要なこと」を組み合わせると、図のような4つの領域に分類できます。

第Ⅰ領域――緊急かつ重要なもの
第Ⅱ領域――緊急性はないが重要なもの
第Ⅲ領域――緊急性はあるが重要でないもの
第Ⅳ領域――緊急性も重要性もないもの

では、上司にとって「人材育成」は、どの領域に入る仕事でしょうか。

部下の育成は会社の明日をつくりだすものです。人材が育たなければ組織の継続性も拡張も望めませんから、重要なものといえるでしょう。したがって「重要性が低い」とする第Ⅲ領域と第Ⅳ領域は除外されます。

次に、緊急性については、どうでしょう。

これについては、組織の状況によって分かれるところです。なかには、人材の育成が差し迫った緊急の課題という組織もあり得るからです。しかしここでは、本来、人材の育成は、どの領域に入るべきかについて考えてみましょう。

●人材育成は長期的な仕事

将来、問題が発生することを見越して、その予防をしたり、成果を出すための長期プランを考えたり、具体策を立てたりといった、長期的な視野に立った仕事が、第Ⅱ領域に入ります。

もし、このような仕事をおろそかにすると、緊急かつ重要な仕事、すなわち第Ⅰ領域の仕事が増え、常に目の前の仕事に追われることになります。

たとえば、営業の仕事で部下が育たないばかりに、お客様からのクレーム対応に追われたり、部下のフォローのために時間を費やしたりすることを想像してみてください。

本来の営業のための時間と労力が、そのために割かれてしまうわけですから、営業の成果が出ないどころか、ストレスもたまり、悪循環に

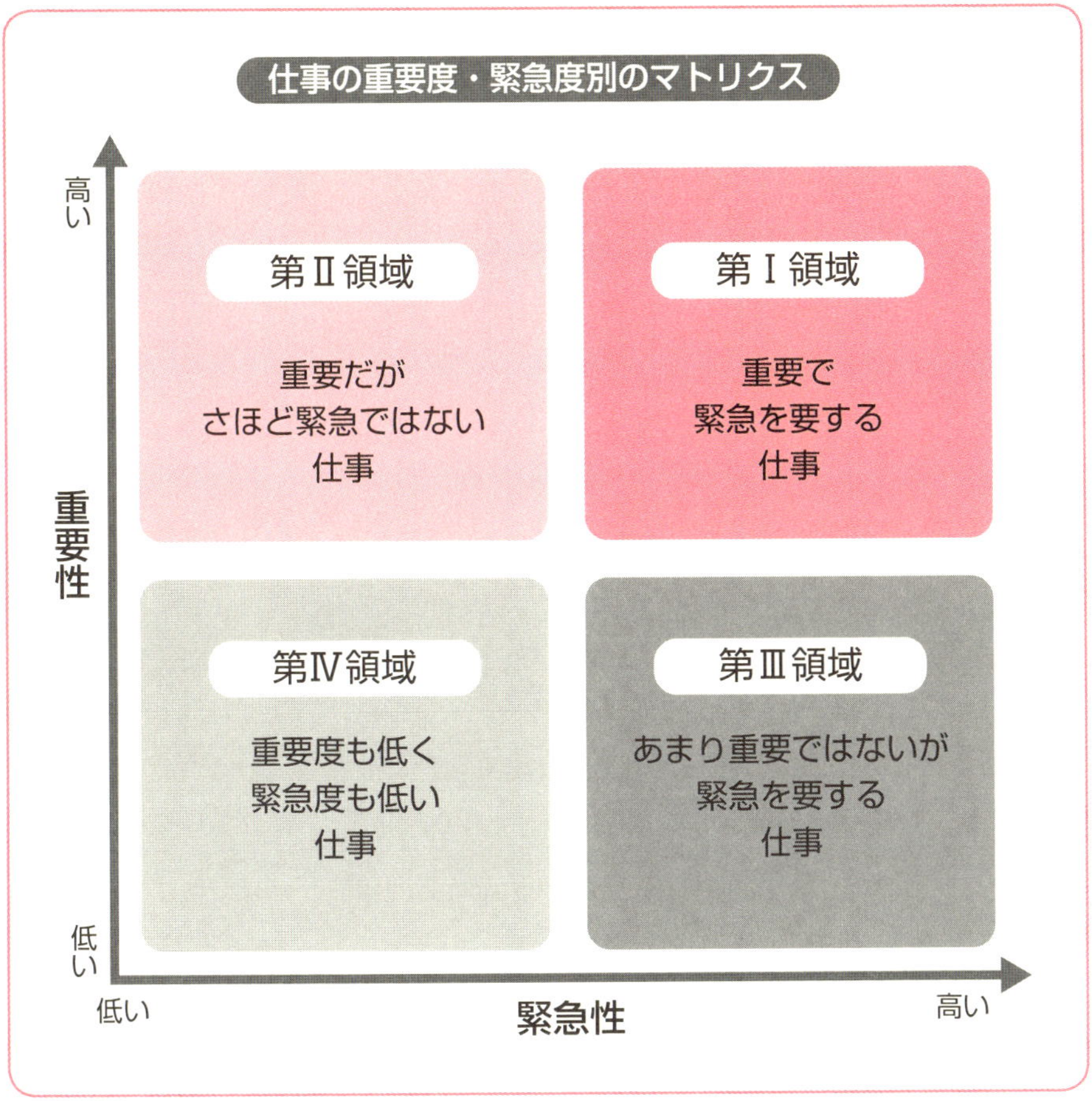

陥ってしまいます。

人材が育たない、売上げが伸びない、お客様が離れていく……といった深刻な問題を抱えている組織は、第Ⅱ領域の仕事をおろそかにしていた組織、あるいは第Ⅰ領域の仕事だけに目を向けてきた組織といわざるを得ないでしょう。

こう考えると、**部下の育成は、第Ⅱ領域に属する仕事**ということになります。

人を育てることが「緊急」になってしまっては、計画的な部下育成も、健全な組織の成長も望めません。

部下の育成が「緊急」の領域になっている組織は、組織の健全な成長から考えると、すでに「手遅れ」といわざるを得ません。

上司は、ふだんから、将来を見越して、最重要課題として、部下の育成に取り組んでいなければならないのです。

07 「ヘルプ」と「アシスト」の使い分け方は？

緊急性の有無によって対応を変える

部下に対して、あなたは「ヘルプ・コミュニケーション」を使うことが多いでしょうか。それとも「アシスト・コミュニケーション」を使うことが多いでしょうか。

「ヘルプ」も「アシスト」も、「援助する」「支援する」といった意味は同じですが、ヘルプが直接的であるのに対してアシストは間接的です。

たとえば溺れかかった人が助けを求めて「Help Me!」というのは、「説明も何もいらないから、とにかく、すぐに何とかしてくれ！」というものです。

ビジネスでいえば、上司が部下に対してティーチングで答えを教えてしまう、あるいは指示・命令を出してしまう、さらにいえば、上司が代わりにやってしまうといったものです。つまり、主役は上司で、部下は脇役です。

これに対して「アシスト」は、サッカーの試合でミッドフィルダーがフォワードにパスして、ゴールを決めたとき「Nice Assist!」と言われるように、ゴールを決める人とボールをまわす人とは別です。

ビジネスでいえば、上司は部下にヒントを与え、考える機会をつくりますが、実際に行動するのは部下ということになります。つまり、**主役は部下で上司はパートナー**といった役割を担うことになります。

●コーチングは〝アシスト〟

緊急性があるときは「ヘルプ」です。クレームがきて、即座に対応しなければならないときには上司が部下に教える必要があります。場合によっては、上司が代わりに対応しなければならないこともあります。

一方、緊急性がなければ「アシスト」です。部下に質問をし、考えさせ、実行させるのです。

上司は、そのときの状況に応じて、部下に対して「ヘルプ」を使うか、「アシスト」を使うかを判断し、コミュニケーションをとるのです。

コーチングはアシスト・コミュニケーションのひとつです。緊急性が求められるときには向きません。

しかし、ふだんからアシスト・コミュニケーションを通じて部下を育てておかないと、いつまでたっても、

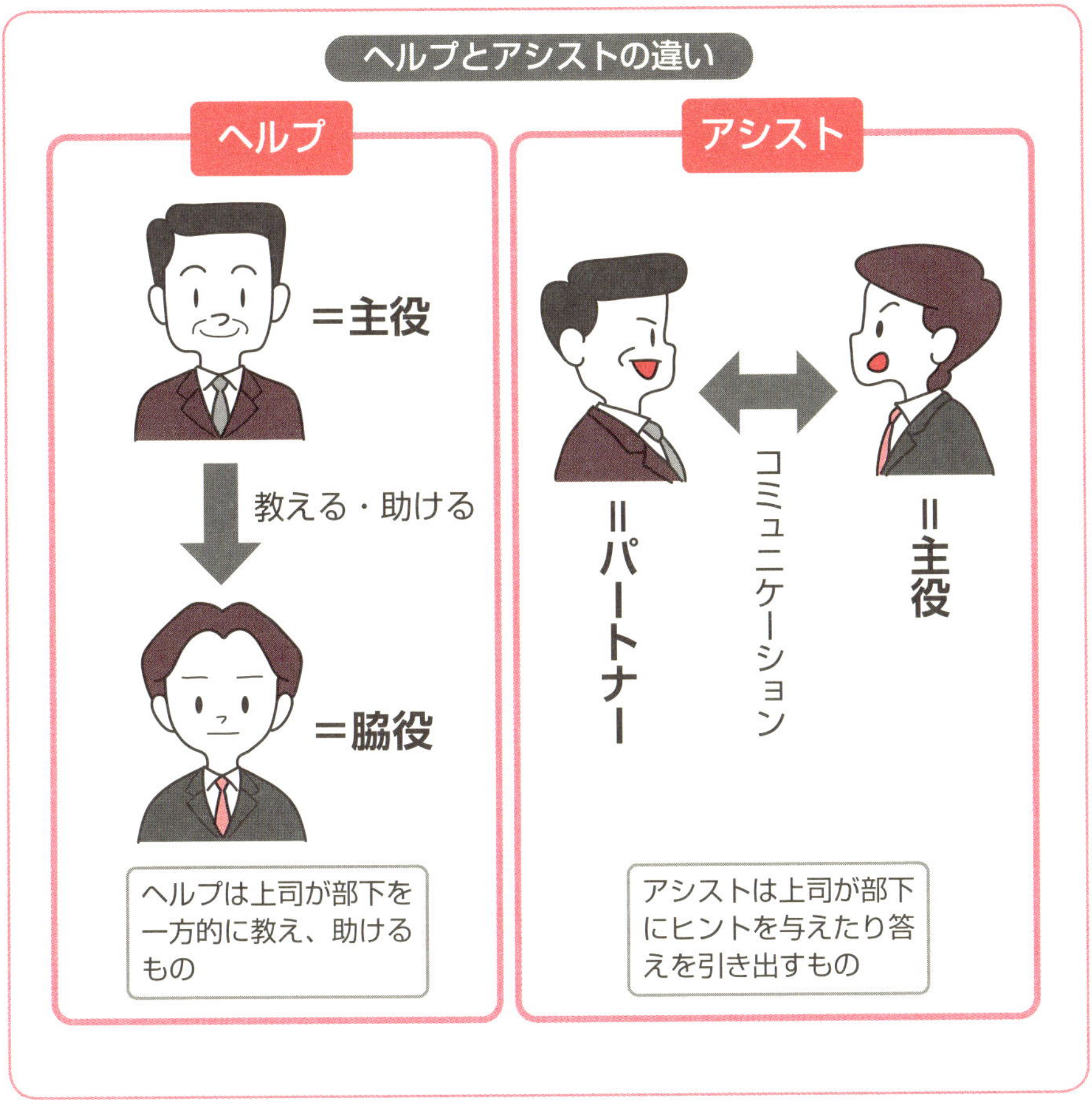
ヘルプとアシストの違い
ヘルプ
＝主役
教える・助ける
＝脇役
ヘルプは上司が部下を一方的に教え、助けるもの
アシスト
＝パートナー
コミュニケーション
＝主役
アシストは上司が部下にヒントを与えたり答えを引き出すもの

上司が仕事をしなければならない状態から脱することができません。

ヘルプとアシストとでは上司と部下との行動や達成感についても具体的な違いが見られます。

ヘルプの場合、実際に行動するのは上司です。たとえ部下が行動したとしても上司に教えられた通りに動くにすぎません。ですから、達成したとしても部下に達成感はありません。反対に達成しなかった場合、部下は上司に対して被害者意識をもつかも知れません。

アシストの場合、上司がヒントを与えたり、答えを引き出したりすることはあっても実際に行動するのは部下です。

達成したときは上司、部下の両者とも達成感を味わうことができ、達成できなかったときは両者とも自分のこととして責任を感じ、改善に努める可能性があります。

コーチング こぼれ話①

●誰にでも苦手な人はいる

あなたにとって、苦手な人とは、どんな人ですか？

たとえば、あなたがじっくり物事を考え、それに対してデータを集め、しっかり分析をしながら、ひとつひとつ納得してから仕事を進めていくタイプなら、「細かいことはいい。とにかくやってみよう」と性急な行動を促し、すぐに結果を求めるような上司は苦手かもしれません。

逆に、あなたが、詳しい計画を立てる前に、まず実行してみて、そこから考えるという人であるなら、事前に詳細なプランとデータを要求してくる上司は苦手ではないでしょうか。

その人があなたにとって苦手な人であると同じように、ある人にとっては、まさにあなたが苦手なタイプである可能性もあります。

私はどちらかというと、あまり細かいことは得意ではありません。七割方、勝算の見込みがあれば、あとは行動しながら考えようというタイプです。

第2章

ビジネスマンの欲求はコーチングで叶えられる

CaseStudy 02

こんな間違った部下指導をしていませんか?

テーマ

ミスを何度も繰り返す部下

悪い例

上司「経理に提出する書類が、また遅れているじゃないか」
部下「申し訳ありません」
上司「何度、同じことをしているんだ」
部下「……」
上司「何度も同じことを言わせないでくれ」
部下「スミマセン」
上司「今度また遅れたら、ただじゃすまないぞ!」
部下「はい………」

なぜいけないか

❖ミスを指摘し、批判を繰り返しているだけで、何の改善策も示されておらず、部下を萎縮させている。「ただじゃすまないぞ」は恐怖心をあおるだけでしかない。責めや脅しは部下との人間関係を破壊させる危険がある。

良い例

上司「経理に提出する書類が、また遅れたの？」
部下「申し訳ありません」
上司「2回も遅れるなんて君らしくないね」
部下「はあ……」
上司「どうしたの？」
部下「単純に忘れていただけです」
上司「君も忙しいからね。忘れるのを防ぐために何ができるかな」
部下「経理提出用のノートを作って記入します」
上司「それはいいね。キチッと記入しておけば君ならもう大丈夫だね」
部下「はい、しっかりやります」

なぜ、良いか

◉「君らしくない」と、本当はできる人だという信頼感が表われているうえ、部下から具体的なアクションを引き出している。「君も忙しいからね」とねぎらいの言葉があり、さらに「君ならもう大丈夫」と期待が伝えられている。

◀◀◀部下を育てる指導については本文で◀◀◀

08 コーチングでは手段と目標を一緒にしない

部下の目標を達成させるのがゴール

上司であるあなたは、部下に質問したり、話を聞いたりしただけで「コーチングをした」と思ってはいませんか。

コーチングというと、上司から部下に対する「質問」「傾聴」「承認」といった言葉だけが一人歩きしてしまい、それらを駆使すれば、コーチングができたかに思われがちです。

しかし、**コーチングは、あくまでもクライアントの目標達成を支援するもの**です。すなわち会社組織における上司にとっては、**部下の、ある特定の目標を達成するための行動を促すものでなければ**、コーチングとはいえません。

その支援のためのプロセスで「質問」「傾聴」「承認」といったコミュニケーションの技術が使われますが、それはあくまでも手段にすぎないのです。

つまり、「部下は、自らの行動を何も起こさなかった。したがって目標も達成しなかった。しかし、私とのコミュニケーションには満足してくれた」というのでは、コーチングの成果としては認めがたいということになります。

●目標達成の動機づけとなる質問

以前、「私には目標なんてありません。毎日が楽しければいいんです」と言う社員がいました。

しかし、話をよく聞いてみると、将来に対する不安や、現状に対する不満を抱えていました。

これまで私は、社員も含め、多くの人に会ってきましたが、「もっと良くなりたい」と思っていない人は一人もいませんでした。

なかには、諦めてしまっている人も、人生に対して斜に構えている人も、無力感に支配されている人もいましたが、話を聞くと、少なくとも現状を改善したいと思わない人はいなかったのです。

コーチングの前提として、部下の目標を一緒になって考えてあげることや、期待していることを伝えることも大切です。

目標に関するコーチングは目標達成に対する動機づけ、あるいは達成の方法に関して行なわれるのが一般的です。とくに目標達成に対する動

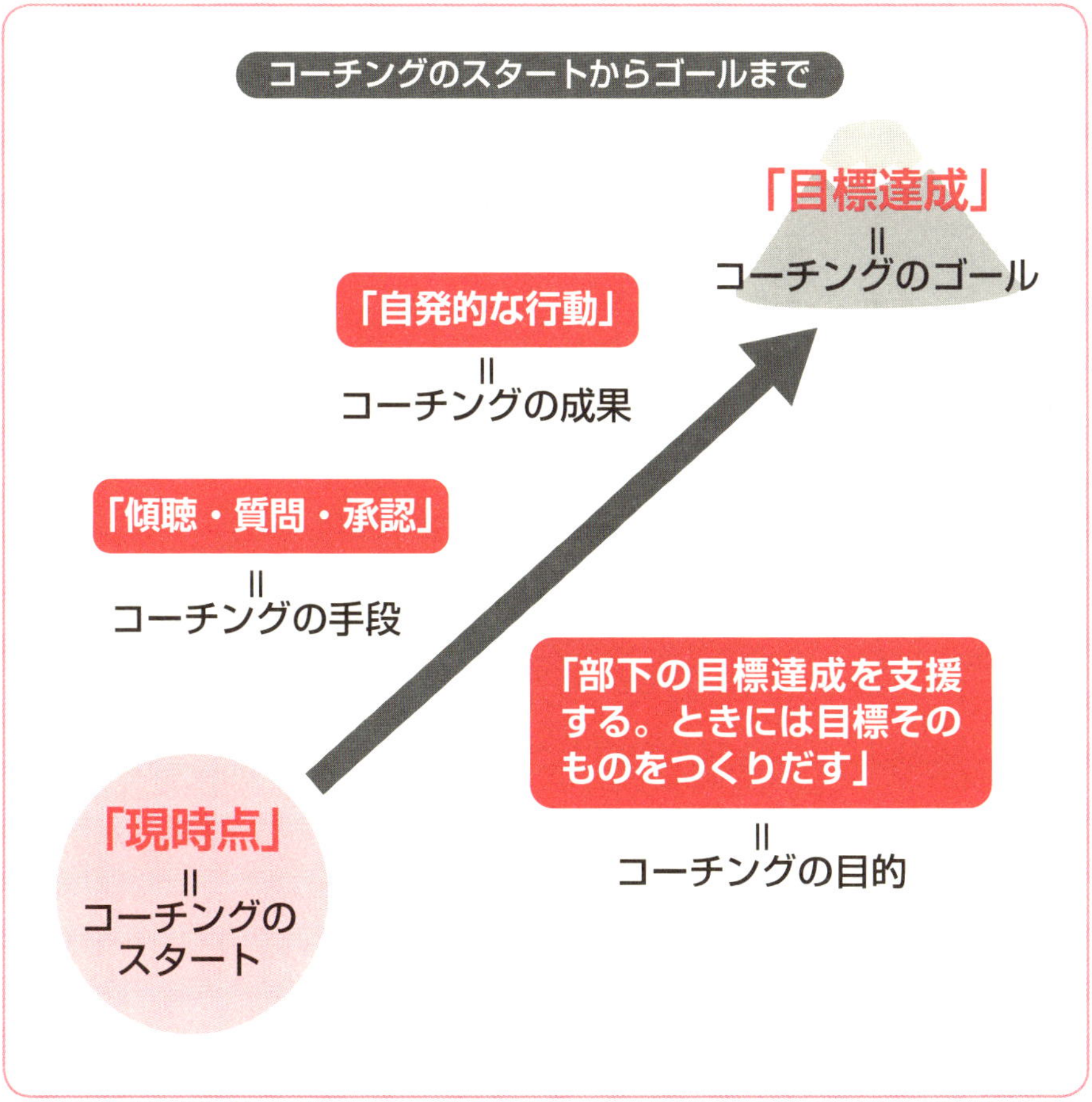
コーチングのスタートからゴールまで
「目標達成」
＝
コーチングのゴール
「自発的な行動」
＝
コーチングの成果
「傾聴・質問・承認」
＝
コーチングの手段
「部下の目標達成を支援する。ときには目標そのものをつくりだす」
＝
コーチングの目的
「現時点」
＝
コーチングのスタート

機づけに関しては、できるだけ多くの目標達成に関する質問をするとよいでしょう。

たとえば、

▼なぜ、この目標があると思う？
▼この目標達成にはどんな価値があると思う？
▼この目標を達成したとき、君はどんなふうに成長していると思う？
▼周りの人はどう思うだろう？
▼君は将来どんな人になりたいの？

といったものです。

質問に応じて目標達成に関して考えれば考えるほど、コミットメントは確かなものとなります。

人は誰でも、おぼろげにでも目標が見えてくると前向きになれるものです。コーチングの目的のひとつは、部下の目標をつくりだし、主体的に行動を起こさせて、あるいは行動を止めることにより、**最終的に目標を達成させること**なのです。

09

「コーチ」に求められる3つのマインド

双方向／継続性／相手に合ったコミュニケーション

コーチングとは何かについて、さまざまな考え方があります。

しかし、ひとことでいえば、**「その人の目標達成に向けて、自発的な行動を促進させるためのコミュニケーション」**の総称です。

ビジネスにかぎれば、**「部下の無限の可能性を信じ、仕事を任せることによって、その持ち味を引き出し、自発的かつ継続的な成長を実現するためのコミュニケーション」**です。

もともと「コーチ」とは「乗合い馬車」のことでした。すなわち「大切な人を望むところまで送り届ける」というわけです。19世紀にはオックスフォード大学で、学生の個人指導を行なう家庭教師をコーチと呼びました。その後、ボート競技の指導者がコーチと呼ばれ、以後、さまざまなスポーツの指導者がコーチと呼ばれるようになったのです。

1950年代に入るとマネジメントの分野でも「コーチ」という言葉が使われ始め、1980年代にはマネジメントの分野で普及し、従業員のモチベーションを高め、企業の変化対応力に大きく貢献するものとして定着していったのです。

コーチングを効果的に行なうために、コーチには次の3つのマインドが求められます。

①双方向のコミュニケーション (interactive)

コーチングは相手のなかにある「やる気」や「答え」を引き出していくものです。

「双方向」といっても、お互いに話をしていれば良いというものではありません。

相手が話したことを聞き、それについて自分も話す。この繰り返しが「双方向」のコミュニケーションなのです。

②継続的なコミュニケーション (on going)

コーチングで大切なことは、相手が目標達成に向けて行動を起こす、または行動を変えることです。

したがって、そこに至るまで**継続してコミュニケーションをとることが大切**です。

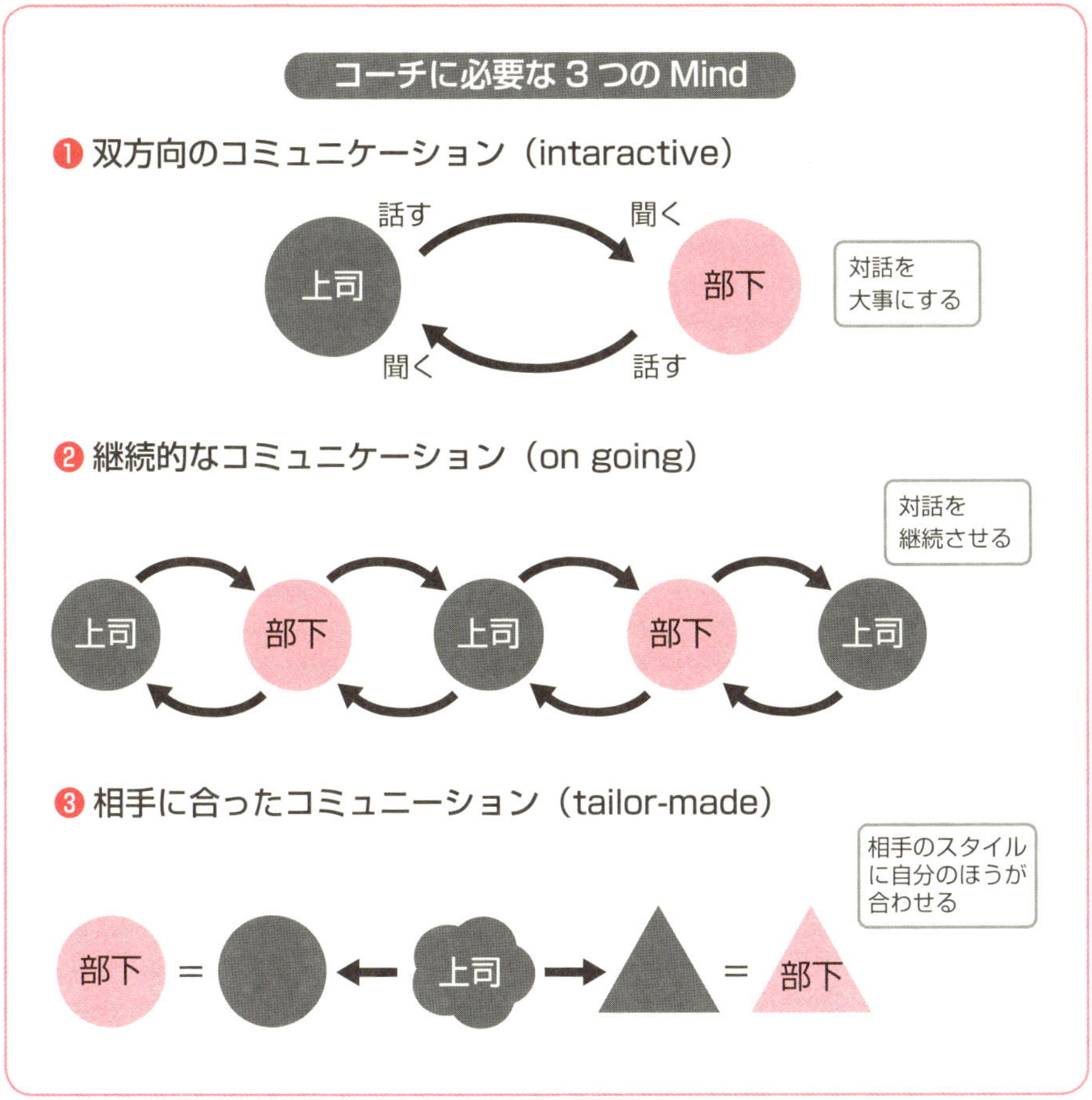
コーチに必要な３つのMind
❶双方向のコミュニケーション（intaractive）
話す
聞く
上司
部下
聞く
話す
対話を
大事にする
❷継続的なコミュニケーション（on going）
対話を
継続させる
上司
部下
上司
部下
上司
❸相手に合ったコミュニーション（tailor-made）
相手のスタイル
に自分のほうが
合わせる
部下
＝
上司
＝
部下

一度話したら終わりというわけではありません。

③相手にあったコミュニケーション（tailor-made）

人は個性も違えば、欲求も違いますから、相手を正しく理解することが必要です。

コーチングの目的を果たすためには、その人に合ったコミュニケーションをとることが必要です。

コーチングを支える人間観は「人は誰でも無限の可能性をもっている」というものです。つまり、コーチングは人の無限の可能性を信じ、人は誰でも主体的に行動し、目標を達成できるという絶対的な信頼を前提としているのです。

企業がコーチングを推奨することは「人間尊重のマネジメント」を実践するということを意味するといっても良いでしょう。

10

コーチング成功の〝決め手〟は？

「部下を変える」のではなく「あなた自身が変わる」こと

コーチングを成功させることができるかどうか。あるいは、部下の可能性を引き出せるかどうかの分岐点は上司自身にあります。

上司がどこまで部下の可能性を信じることができるかどうかが問われるのです。

また、上司が「自分が一番正しい」という考えから離れることができないうちは、コーチング手法を学んでも、それを実践し、良い成果をあげることは難しいでしょう。

コーチングを学んで、大きな成果をあげるために必要なのは、上司の「意識改革」なのです。

たとえば、次のような意識をもつことができますか。

▼部下を信頼できる上司へ
▼部下を認めることができる上司へ
▼部下に任せられる上司へ
▼部下を理解しようとする上司へ
▼ときには部下から教わろうとする上司へ

あなたの意識がこのように変わったとき、部下の主体性を引き出す素晴らしいコーチへの道を歩み始めたといえるのです。

●上司とは地位ではなく役割

一般に組織において上司とは「地位」をあらわします。そのため、上司と部下との関係は「支配・従属」関係であり、部下は上司の支配下、従属下にあり、上司の言うことに従うのは当然ということになります。

しかし、**コーチングにおいては、上司は地位というよりも「役割」**であり、部下との関係は目標達成に向けての「協働」関係と考えます。すなわち、上司は部下を支援する目標達成のためのパートナーです。

したがって、「部下に変わることを求める」のではなく、「上司のほうが部下のより良きパートナーとなるべく変わらなければならない」というのがコーチングの成功の秘訣といえるのです。

このパートナー関係を成功に導くためには、当然、上司と部下との人間関係がきわめて重要です。すなわち、「相互尊敬」「相互信頼」「表現の自由」を前提とする人間関係があって、お互いに、良いパートナーとなることができるのです。

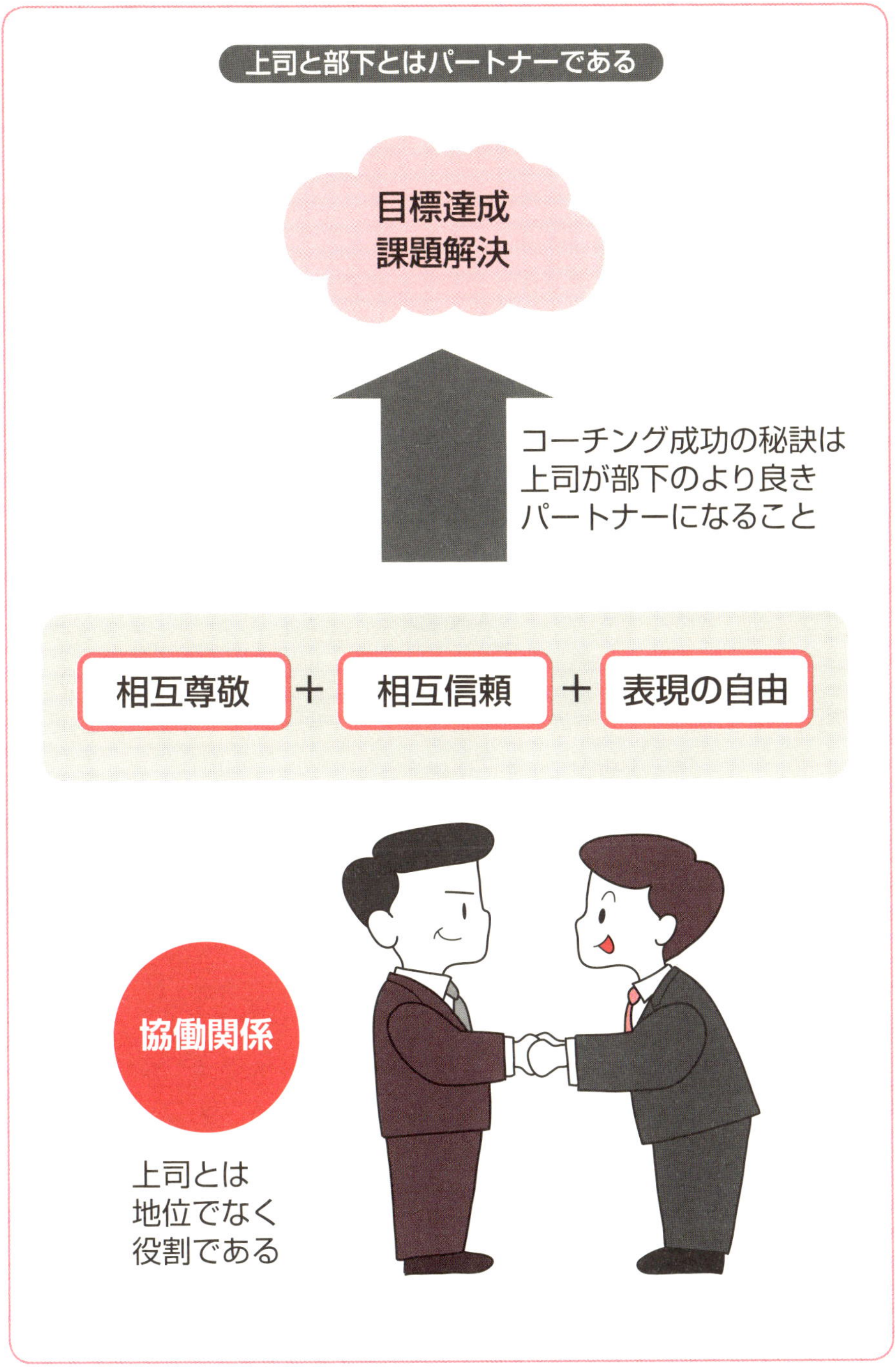
上司と部下とはパートナーである
目標達成
課題解決
コーチング成功の秘訣は
上司が部下のより良き
パートナーになること
相互尊敬 ＋ 相互信頼 ＋ 表現の自由
協働関係
上司とは
地位でなく
役割である

「コーチング」の効果があらわれない――部課長の悩み相談室

私は10年以上にもわたたって、多くの企業でコーチング研修を行なってきました。さまざまな企業でマネジメントにコーチングを導入することで、

「部下が主体的になった」

「部下のモチベーションが上がり、目標達成率が上がった」

「部下が自分から提案するようになった」

「部下との人間関係が飛躍的に良くなった」

などの声をたくさんいただいてきました。

その一方で、

「コーチングを使ってはみたが、部下にはまったく変化がなかった」

「ほめてみたが、かえって嫌な顔をされてしまった」

という声もありました。

すべての上司、部下との関係にコーチングが効果的というわけではありません。

コーチングを支える人間観は「人は誰でも無限の可能性をもっている」というものであり、効果的に機能するためには部下に対する全幅の信頼が必要です。

したがって、次のような場合にはコーチングは機能しません。

①部下とのあいだに人間関係ができていない

あなたは信頼できない上司から質問されて、自分の本音を言えますか?

コーチングを受ける場合には、自分をオープンにする必要があり、本音が言えるということが必要です。

そもそも人間関係ができていなければ、信頼関係もできているわけがなく、コミュニケーション自体が成立しません。

どんなに素晴らしいコーチングスキルを学んでも、前提となるコミュニケーションが成立していないのですから、コーチングも機能しません。

②上司が部下を否定的に見ている

コーチングは部下の可能性を信じ、部下は主体的に行動し、必ず目標を達成できるという、部下に対する絶対的な信頼を前提としています。

したがって、その上司が、部下の能力や姿勢などを否定的に見ているかぎり、当然、コーチングは機能しません。

自分を否定的に見ている上司のもとでは、部下も心を開くことができるはずがありません。つまり、部下

COLUMN──コーチングの現場から

の主体性や部下のなかにある「答え」を引き出すことができません。

たとえば、こんな例があります。

木村課長の口癖は「何でそんなこともわからないんだ！」です。

部下のミスや間違いに対して容赦しません。部下は彼の前ではいつもオドオドしています。間違えることに対する恐れがあるからです。

そんな木村課長がコーチングを学び、部下に質問を始めました。

木村「どうしたらうまくいくと思う？」

部下「…………」

木村「わからないのか？」

部下「いえ……」

木村「少しは考えたらどうなんだ！」

部下はオドオドするばかりです。

これではコーチングが機能するはずはありません。

コーチングが機能するためには、部下に間違える自由を与えなければなりません。正しい答えは、さまざまな間違いの末に導かれることも少なくないのです。

③目標達成や課題達成を「不可能」と見ている上司

コーチングは部下の目標達成を支援するものです。上司が「部下がその目標を達成するのは不可能」と感じていればコーチングは成り立ちません。

コーチングの成否は、上司が「部下の目標達成の可能性をどこまで信じることができるか」にかかっているのです。

④じつは部下を育てようと思っていない上司

コーチングは部下を育てるためのスキルです。部下を育てようと思っていない上司、部下を育てることに興味のない上司がいます。

- 自分の立場を守ることにしか関心がない上司
- 部下を育てることは面倒と考えている上司
- 部下は自分が目標を達成するための道具でしかないと考えている上司

このような上司はコーチングを学ぶ以前に、そもそも上司としての資格はありません。

11 職場でコーチングが機能するためには？

上司が3つの原則を実践する

ビジネスにおけるコーチングは、部下を「必ず達成できる人」「必ずやり遂げられる人」と信じて行なう行為であり、部下の無限の可能性を信じて、それを引き出そうとするものです。

コーチングが機能すると、職場から強制が排除され、部下が主体的になるだけではなく、職場の問題解決能力やクリエイティビリティが格段に向上し、職場の環境が、より良いものになります。

職場でコーチングが充分に機能するためには、上司が次の3原則を実践しなければなりません。

①答えは部下のなかにある

コーチングでは上司が答えを与えるのではなく、部下から答えを引き出すことが重要です。しかし、そうとわかっていても、実践するのは容易ではありません。

なぜかというと、多くの上司は「自分と同じ考え方や意見には耳を傾け」ますが、「自分と違った考え方や意見には反論したり訂正したり」しようとするからです。さらに「部下が、すべてわかっているわけではない」という考えもあります。

たしかに、「そのとおり」と思われるものもありますが、**部下に全幅の信頼をおいて、部下本人に考えさせる機会を与えなければ、コーチングになりません。**「答えは部下のなかにある」とは、そういうことです。

また、中途半端なところで諦めてしまい、教えてしまうこともいけません。

②部下の味方になる

部下の言うことに賛成するという意味ではありません。あくまでも、**部下を信頼するという意味**です。

上司からどんな関わり方をされれば、部下のモチベーションが上がるでしょうか……それは、上司から信頼されたときです。

「君に任せた。好きにやってみろ。責任は俺がとる」

こんなふうに信頼されると、部下のやる気は確実に上がります。

安心して仕事に取り組むことができ、新しいことや難しいことに挑戦する意欲もわくはずです。

コーチングでマネジメントは変化する

	部下が伸びないスタイル	部下を活かすスタイル
上司と部下の関係は	支配・従属関係	協働関係
答えをもっているのは	上司	部下
コミュニケーションの型は	指示・命令型	質問承認型
上司が信じるのは	自分	部下
上司から部下に対しては	知識や方法などを教える	可能性を引き出す

逆に、部下が上司に信頼されていないと感じたら、仕事に対するモチベーションは一気に落ちていくはずです。

部下のモチベーションに与える上司の影響力には、はかり知れないものがあります。ですから、部下が力を発揮しないとき、その責任は部下にではなく、むしろ上司にあると考えるべきです。

③部下の自発的な行動を促す

コーチングの最大の目的は、部下の自発的な行動を促すことです。

上司から言われなくても、部下が自ら考え、行動し、結果をつくっていくことです。言われてやるだけなら誰にでもできます。

あなたは、「自分で決めたこと」と「人から言われたこと」とでは、どちらのほうがやる気が出るでしょうか……自明の理です。

12 部下の行動を促すには部下の欲求に訴える

欲求は主体的な行動の原動力

コーチングは、さまざまなコミュニケーションを通して、人の主体的な行動を導くものです。

では、主体的な行動の根本にあるものとは何でしょうか。

それは「人間の欲求」です。

したがって、「欲求」について理解しておくことは、コーチングを効果的に行なううえで不可欠です。

人間の「欲求」については、アメリカの心理学者マズローによる「欲求5段階説」などもありますが、ここでは欲求について「選択理論心理学」を提唱しているアメリカの精神科医ウィリアム・グラッサー博士の考え方を紹介しましょう。

グラッサー博士は、**「人は次の5つの基本的欲求をもっている」**としています。

①生存の欲求

飲食や睡眠、生殖など、生きていくために必要な、すべてのものごとに対する欲求です。

「安全・安定」「健康」のふたつの要素があります。

②愛・所属の欲求

家族や友人とすごす、あるいは会社などに所属することで、誰かと一緒にいたいという、満足できる人間関係を求める欲求です。

「愛」「所属」のふたつの要素があります。

③力の欲求

価値を認められたい、勝ちたい、人の役に立ちたいという欲求です。

「貢献」「承認」「達成」「競争」の4つの要素があります。

④自由の欲求

自分の思うように行動したい、誰にも束縛されずに自由にやりたいという欲求です。

「解放」「変化」「こだわり」の3つの要素があります。

⑤楽しみの欲求

義務感にとらわれることなく、自ら主体的に喜んで何かを行ないたいという欲求です。

「ユーモア」「好奇心」「学習・成長」

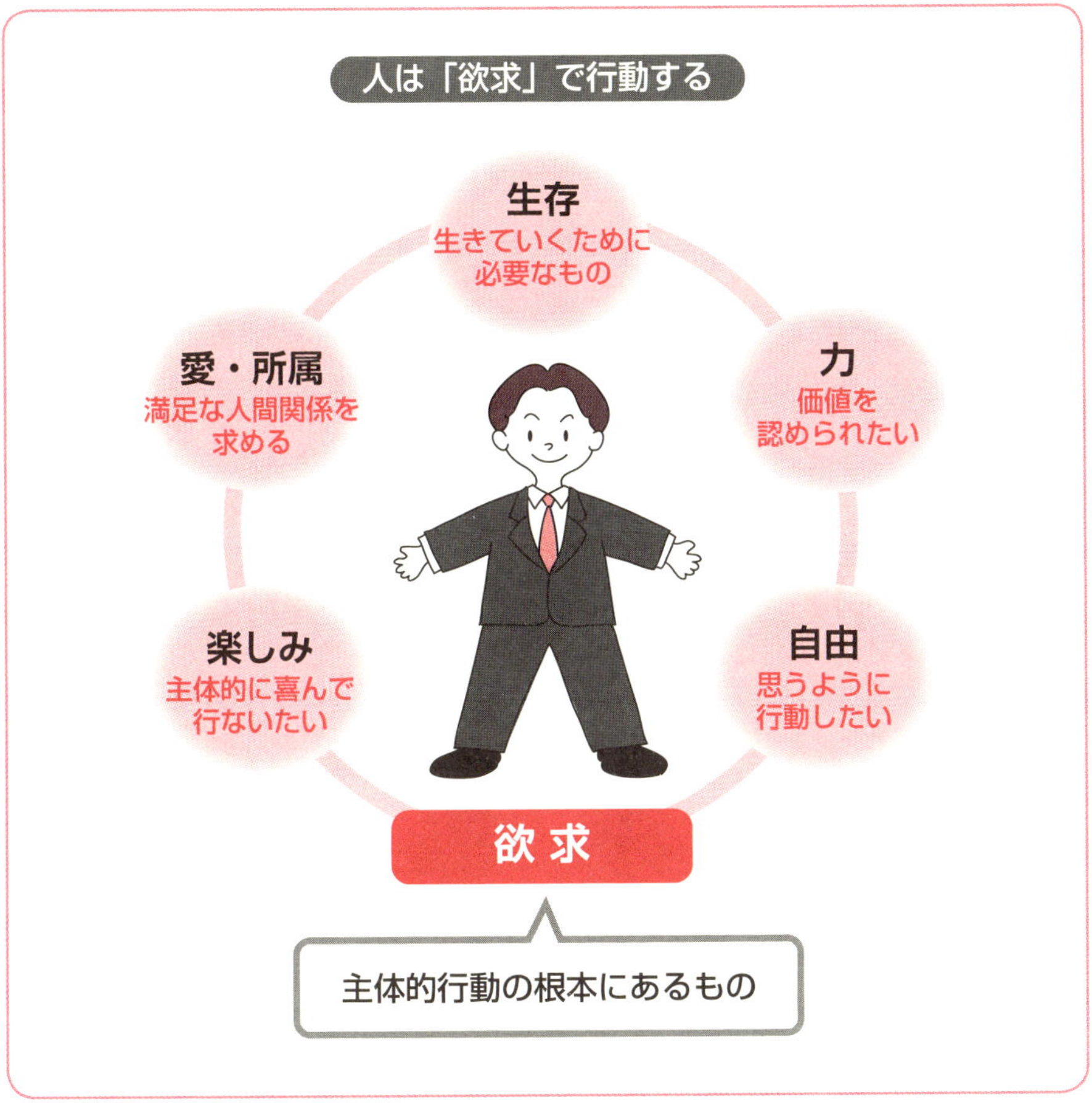
人は「欲求」で行動する
生存
生きていくために
必要なもの
力
価値を
認められたい
自由
思うように
行動したい
楽しみ
主体的に喜んで
行ないたい
愛・所属
満足な人間関係を
求める
欲求
主体的行動の根本にあるもの

「独創性」の4つの要素があります。

もちろん、これらの「欲求」のどれが強いかは人によって違いますし、同じ人でも環境や年齢によって変わることがあります。しかし、いずれも人として誰もがもっている欲求です。

さて、それを踏まえて、コーチングでは、部下に対して強制を伴う指示・命令ではなく、質問、傾聴、承認をするのが良いとしています。

なぜかといえば、それによって、**部下のさまざまな欲求が満たされる**からです。

強制のなかからは、愛・所属の欲求も、力の欲求も、ましてや自由、楽しみの欲求も満たされることはありません。

したがって、部下に苦痛を与えることがあっても、主体性を引き出すことはできないのです。

13 コーチングには6つの手順がある①

目的・目標の明確化／現状の把握／行動の把握

基本的なコーチングは、6つのプロセスから成り立ちます。

まず、前半を説明します。

①目的・目標の明確化

コーチングは、クライアントの目標達成や課題解決を支援するものです。目標とはコーチングによって達成したいゴールです。

目的とは誰のために、何のために、その目標を達成する必要があるのかという目標を支える意識です。

もし、目標を見出すことができなければ、コーチングがスタートしたとはいえません。すなわち、**コーチングは「Coaching For ~」で語られるべきもの**なのです。

したがって、職場でコーチングを効果的に機能させるためには、部下にとってはもちろん、上司にとっても「部下の目標」が明確であることが必要です。

「売上げを達成したい」「お客様のクレームに効果的に対応できるようになりたい」「新規プロジェクトを完成したい」といったところからコーチングはスタートします。

②現状の把握

現状を正確に把握することは、ときとして困難な場合もあります。

人には、現状を、より悲観的に見たり、楽観的に見てしまったりという傾向があるからです。

地図で、行きたい場所に行こうとして調べるように、自分の現在地が客観的に、かつ正確に把握されていることが必要です。

ここで**目標と現状にギャップがあっても問題ではありません。それこそがコーチングによって埋めていくべきプロセス**だからです。

③行動の把握

部下が、いま、とっている「行動」を把握することが第三のステップになります。

ここでは「こうするつもり」とか、「このように考えている」といったことを把握する必要はありません。

いま、部下がとっている「行動」にだけ焦点を当てます。なぜなら、目標と現状のギャップを埋めていくのは最終的には行動だからです。

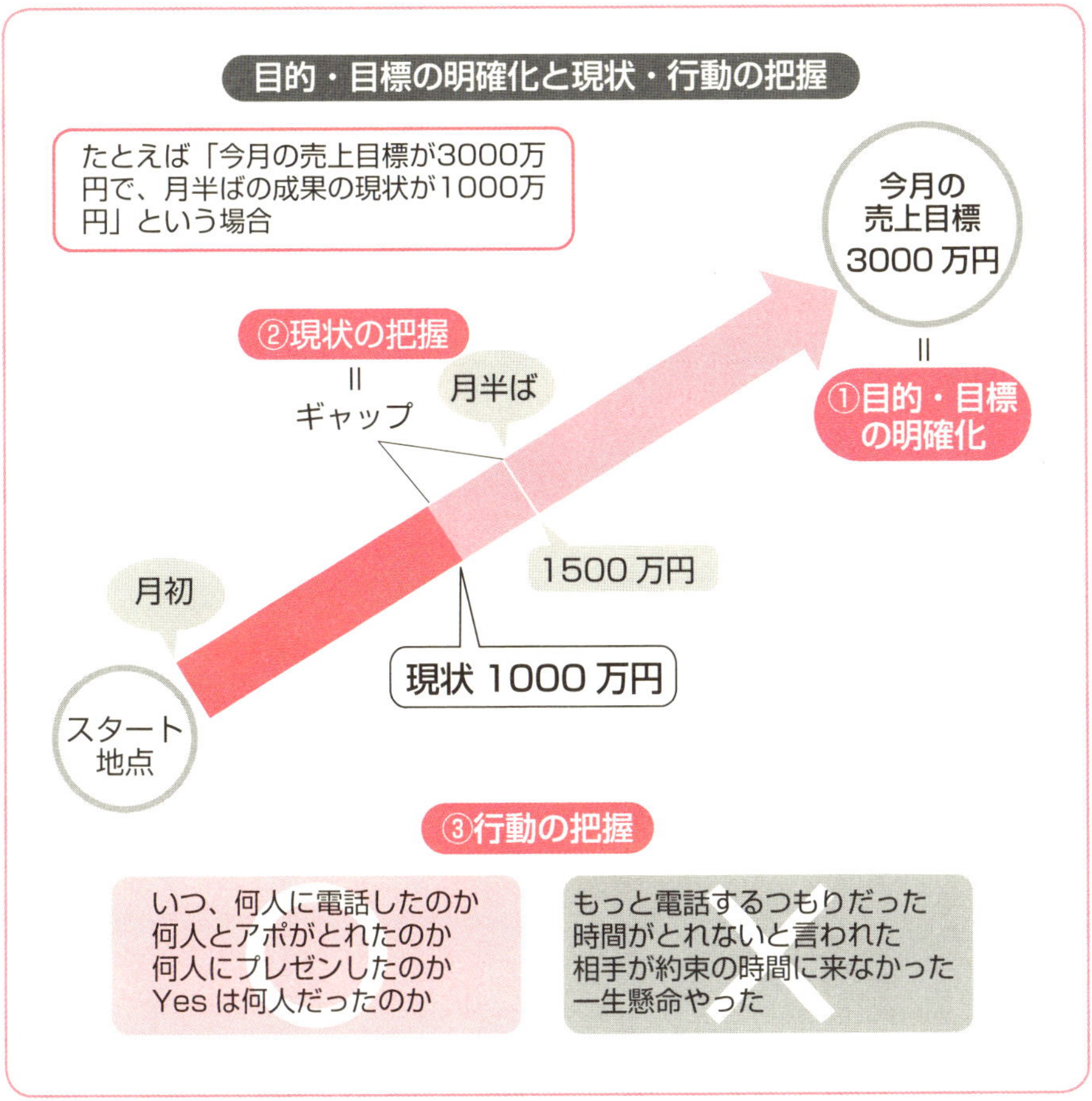
目的・目標の明確化と現状・行動の把握
たとえば「今月の売上目標が3000万円で、月半ばの成果の現状が1000万円」という場合
今月の売上目標3000万円
＝
①目的・目標の明確化
②現状の把握
＝
ギャップ
月半ば
1500万円
月初
現状1000万円
スタート地点
③行動の把握
いつ、何人に電話したのか
何人とアポがとれたのか
何人にプレゼンしたのか
Yesは何人だったのか
もっと電話するつもりだった
時間がとれないと言われた
相手が約束の時間に来なかった
一生懸命やった

たとえば、単価１００万円の商品を販売している、ある営業マンの今月の売上げ目標が３０００万円で、月半ばでの成果の現状が１０００万円だったとします。つまり、その時点で目標を５００万円ほど下回っているわけです。

この結果をつくりだしている、事実としての「行動」を把握します。

▼いつ、何人に電話をしたのか
▼何人とアポがとれたのか
▼何人にプレゼンしたのか
▼その結果、ＹＥＳと答えたのは何人だったのか

５００万円の下回りという結果をつくっているのは、思いや考えではなく、これらの「行動」です。

どんなに前向きな考え方をもっていても、適切な行動がなされていなければ、ギャップは埋まらず、目標が達成されることはありません。

14 コーチングには6つの手順がある②

自己評価を促す／行動計画／決意

つづいて、コーチングのプロセスの後半を説明しましょう。

④自己評価を促す

いま、何をしているかを明確にしたら、つづいて「自己評価」を促します。

この「自己評価」はコーチングプロセスのなかでも、もっとも重要なものです。

この自己評価が、どのようになされているかで、次の行動計画が大幅に違ってくるからです。

たとえば、結果が出ていないのに「満足」と自己評価していたり、反対に、目標を達成しているのに「不満足」と自己評価していたりするかもしれません。

「どう自己評価するか」が、その後の計画に影響を与えるとともに、「どう自己評価するか」に、その人の考え方や結果に対して決めている度合い、あるいは責任感も現れます。

部下の成長はつまるところ、この「自己評価」の姿勢に現れるというわけです。

「いまの行動で、本当に目標達成できると思いますか？」

「いま、やっていることは、目標達成に効果的ですか？」

こうした自己評価の質問が、部下の成長を測る物差しとなります。

⑤行動計画

いかに具体的な計画をつくるかについては**「逆算の思考」を使います。**

「目標を達成した」というところから考えて、いま、何をする必要があるかをプランニングするのです。日々、目標達成に近づいていると思える計画が良い計画です。

⑥決意

コーチングプロセスの最終的な目的は部下本人に納得した主体的な決意をつくりだすことです。

プロセスで強制や誘導があってはいけません。

絶えず、本人の考えを確認しながら、提案をし、少しでも本人が納得していないと感じたら、そこから先に進んではいけないのです。

その場合には、勇気をもって戻ることです。

コーチングの６つのプロセス

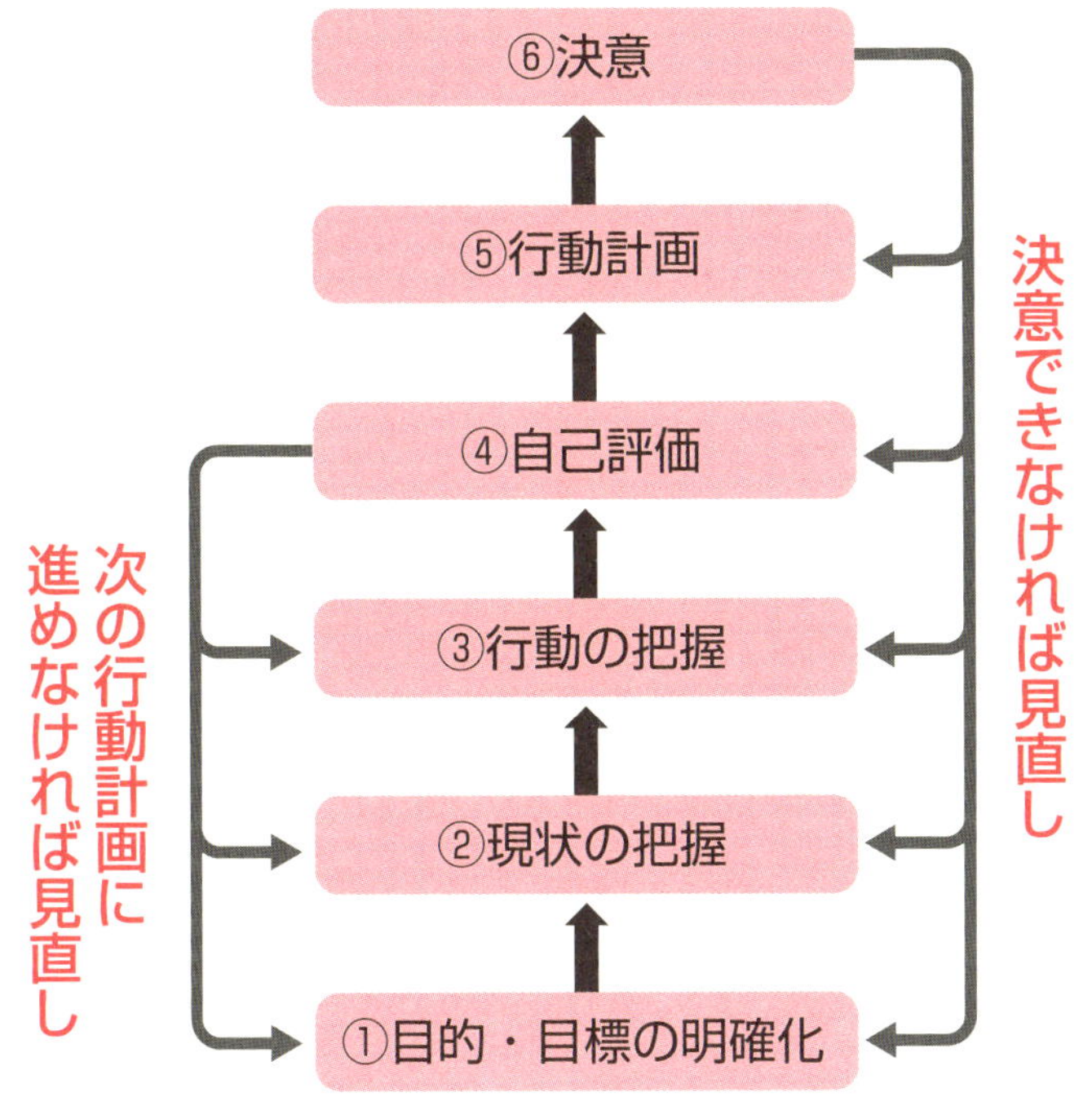
⑥決意
⑤行動計画
④自己評価
③行動の把握
②現状の把握
①目的・目標の明確化
決意できなければ見直し
次の行動計画に進めなければ見直し

たとえば、本人が「やります」と言ったとしても、上司であるあなたが、「何となく部下の決意が曖昧だ」と思ったら、行動計画に戻ります。

行動計画に無理があるか、現状の把握が甘いか、ひょっとすると、目標自体が曖昧なのかもしれないということもあり得るのです。

この場合、「とにかくやれ！」などと強制すると本人の納得も主体性も阻害されてしまいます。

もし、ここで決意できなければ、コーチングプロセスを見直します。

たとえば、目標が高すぎるのか、現状把握ができていないのか、自己評価に問題があるのか、計画に無理があるのか……といった点を見直します。

もう一度整理して、部下がしっかりと決意できるプランニングを探求していきます。

第3章

部下の心が驚くほどみえてくる選択理論心理学

CaseStudy 03

こんな間違った部下指導をしていませんか？

テーマ

言われたことしかやらない部下

悪い例

上司「お客様にお礼の電話してくれた？」

部下「いえ、していません」

上司「どうして！」

部下「メールをしろとは言われましたけど、電話しろとは言われていません」

上司「気が利かないな。だから仕事ができないって言われるんだよ」

部下「それなら、最初からそう言っていただければ……」

上司「わかった。君にはもう頼まないよ」

なぜいけないか

❖少なくとも言われたことだけはやったのを認めていないうえに、言われたこと以外のこともやって当然という態度は部下の反感を買う。「仕事ができないと言われる」は今回の件とは関係がなく、しかも、第三者の発言を匂わせていて、部下が反論できない。この会話から何の改善も生み出されていない。

良い例

上司「お客様にお礼の電話してくれた」
部下「いいえ、していません」
上司「どうして？」
部下「メールしろとは言われましたが、電話しろと言われていませんでしたので」
上司「そうか、言い忘れたね。電話もしてほしかったんだ。君は言われたことはキチッとやってくれるから助かるよ。僕も忘れることがあるので、お客様に喜ばれることなら私に言われないことでも、どんどんやってほしいんだが、どう思う？」
部下「そうですね。私のほうこそ気づきませんでした。これから電話します」

なぜ、良いか

◉上司は自分の非を率直に認めているので、部下も上司の提案を受け入れやすい。「どう思う？」と相手に問いかけているので強制がない。「私も忘れることがあるので」の一言で「上司に協力しよう」という部下の気持ちを引き出している。

◀◀◀部下を育てる指導については本文で◀◀◀

15 部下が自ら変わるきっかけとは？

選択理論心理学で解き明かすコーチング

コーチングの基礎となる考え方を、ここでは選択理論心理学の目からみてみましょう。

選択理論心理学（Choice Theory）は、アメリカの精神科医であるウィリアム・グラッサー博士が提唱した心理学です。

１９６５年に発表されて以来、高い評価を得て、世界じゅうに浸透した理論です。

カウンセリングはもちろん、学校教育、組織、家庭環境など、さまざまなところで、より良い人間関係を築く手法として、幅広く活用されています。

選択理論心理学は内的コントロール心理学のひとつで、外的コントロール（S‐R理論）とは対極にある考え方です。

従来の心理学では、人の行動や感情は、外部の人や環境からの刺激（Stimulus）に対して反応（Response）すると考えられていました。

つまり、外からの刺激を変えることによって、人は変えられるものと考えられていたのです。

上司の立場にある皆さんも、自分の関わり方ひとつで、部下を変えられると思っていませんか。

●外部の刺激で人は変わらない

あなたは、他人を変えようとしたときには、どういった関わり方をしているでしょうか。

人によっては、他人を責めたり、批判したり、文句を言ったりプレッシャーをかけたり、ときには脅したりすることさえもあります。

しかし、このような関わり方の行き着く先は、人間関係の破滅です。

選択理論心理学では、人の行動は外部の刺激による反応ではなく、自らの選択だと考えます。

つまり、「外部の刺激によって人を変えることはできない」ということです。

選択理論心理学では、人に与えられる、さまざまな刺激について、本人が、ある行動を選択するための情報にすぎないと捉えます。

人は、外の情報を自分の願望と照らし合わせて行動を選択するということです。

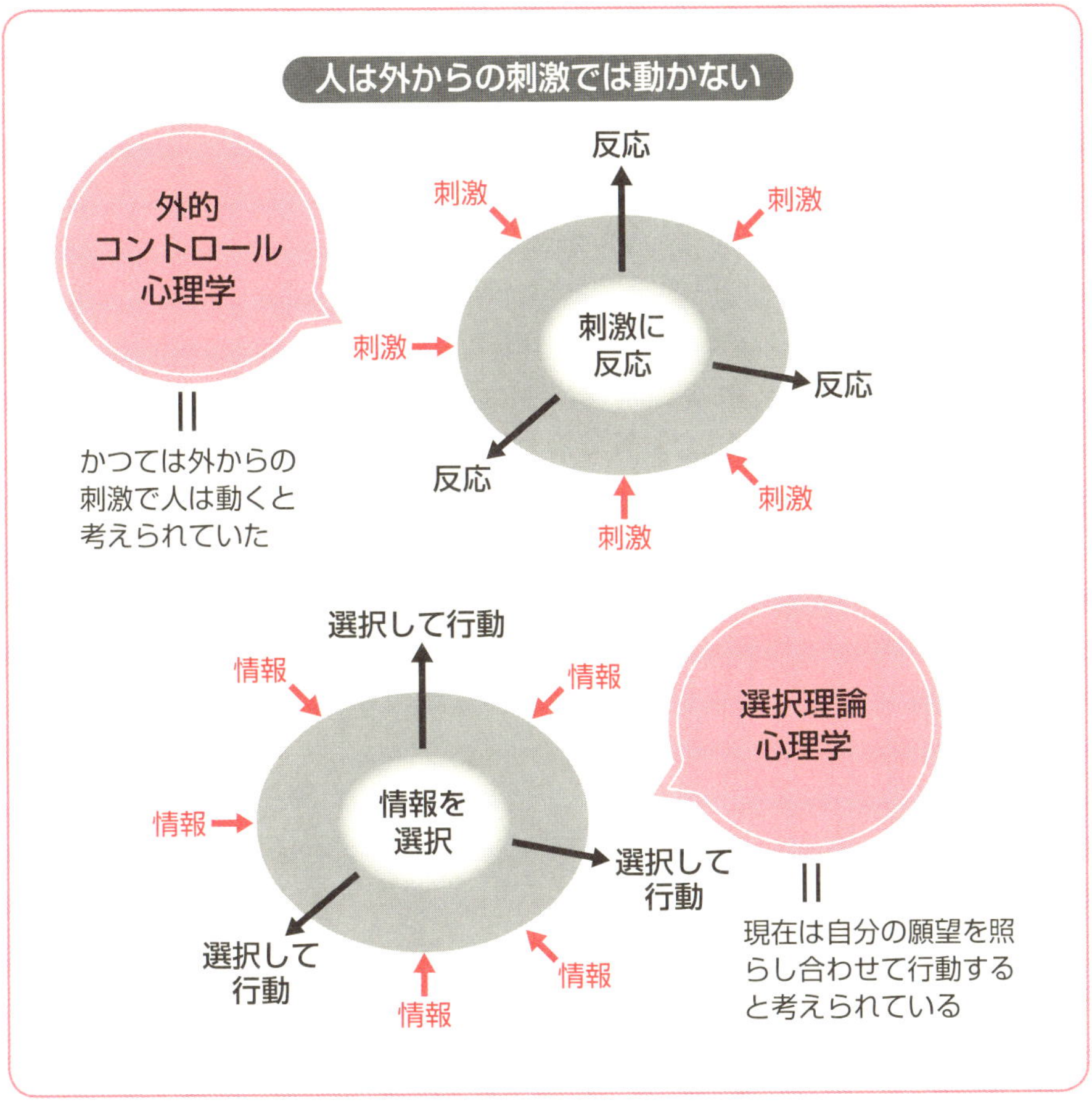
人は外からの刺激では動かない
外的
コントロール
心理学
＝
かつては外からの
刺激で人は動くと
考えられていた
刺激に
反応
反応
反応
反応
刺激
刺激
刺激
刺激
刺激
選択理論
心理学
＝
現在は自分の願望を照
らし合わせて行動する
と考えられている
情報を
選択
選択して行動
選択して
行動
選択して
行動
情報
情報
情報
情報
情報

自分を変えることができるのは自分自身だけです。つまり、部下を変えることができるのは、部下自身なのです。

この基本的なことに上司が気づかなければ、コーチングは成り立ちません。

上司は、部下を変えようとするのではなく、部下が自ら変わりたいと望み、決断するような環境をつくるのが仕事です。

選択理論心理学では、より良い人間関係をきわめて重視しています。ここでは人間関係の基本フレームとして「強制」ではなく「選択」を重視しているのです。

人の選択を尊重し、人間関係を重視する選択理論心理学は、人間尊重のマネジメントであるコーチングの基礎となる考えとして、有用なものといえます。

16 コーチングコミュニケーションで部下の思考と行為を変える

選択理論心理学をビジネスに応用する

私たちは他人に対して、何を変えることができるのでしょう。

選択理論心理学では、「人は自らの選択でしか変わらない」という立場をとります。つまり、上司が部下を変えることはできません。

一般的に、多くの上司が部下を変えようとして「外的コントロールのアプローチ」を使っています。

あなたも「部下を変えよう」「自分の思い通りにしよう」としていませんか。

しかし、部下が変わるのは、あくまでも部下自身が「変わるという選択」をしたときだけです。

また、私たちにとって「過去」を変えることもできません。過去はもう終わったことです。つまり、**「過去」と「他人」を変えることはできない**のです。

私たちにとって変えることができるのは「自分自身」と「未来」です。では、自分自身の何を変えることができるのでしょう。

選択理論心理学では、人の行動は「思考」「行為」「感情」「生理反応」の4つの要素から成り立っていると考えます。

車にたとえるなら、前輪が「思考」と「行為」で、後輪が「感情」と「生理反応」ということになります。車のエンジンは「5つの基本的欲求」で、ハンドルが「願望」です。

人は基本的欲求にもとづいて「こうありたい」という願望に駆られて動きます。願望が明確であるほど、そのスピードは速くなります。

走り出してからハンドルを切って曲がろうとすることもあります。ハンドルとともに動くのは前輪、すなわち「思考」と「行為」です。

後輪の「感情」と「生理反応」は前輪の動きに合わせて動きます。つまり、**私たちは「思考」と「行為」をコントロールすることで、「感情」と「生理反応」もコントロールできるのです。**

●変わるべきは上司である「あなた」

部下の考え方や行為を、直接、変えようとしてはいけません。上司にとって大切なことは、部下が自ら自分の考え方や、行為を変えたくなるような関わり方をすることです。

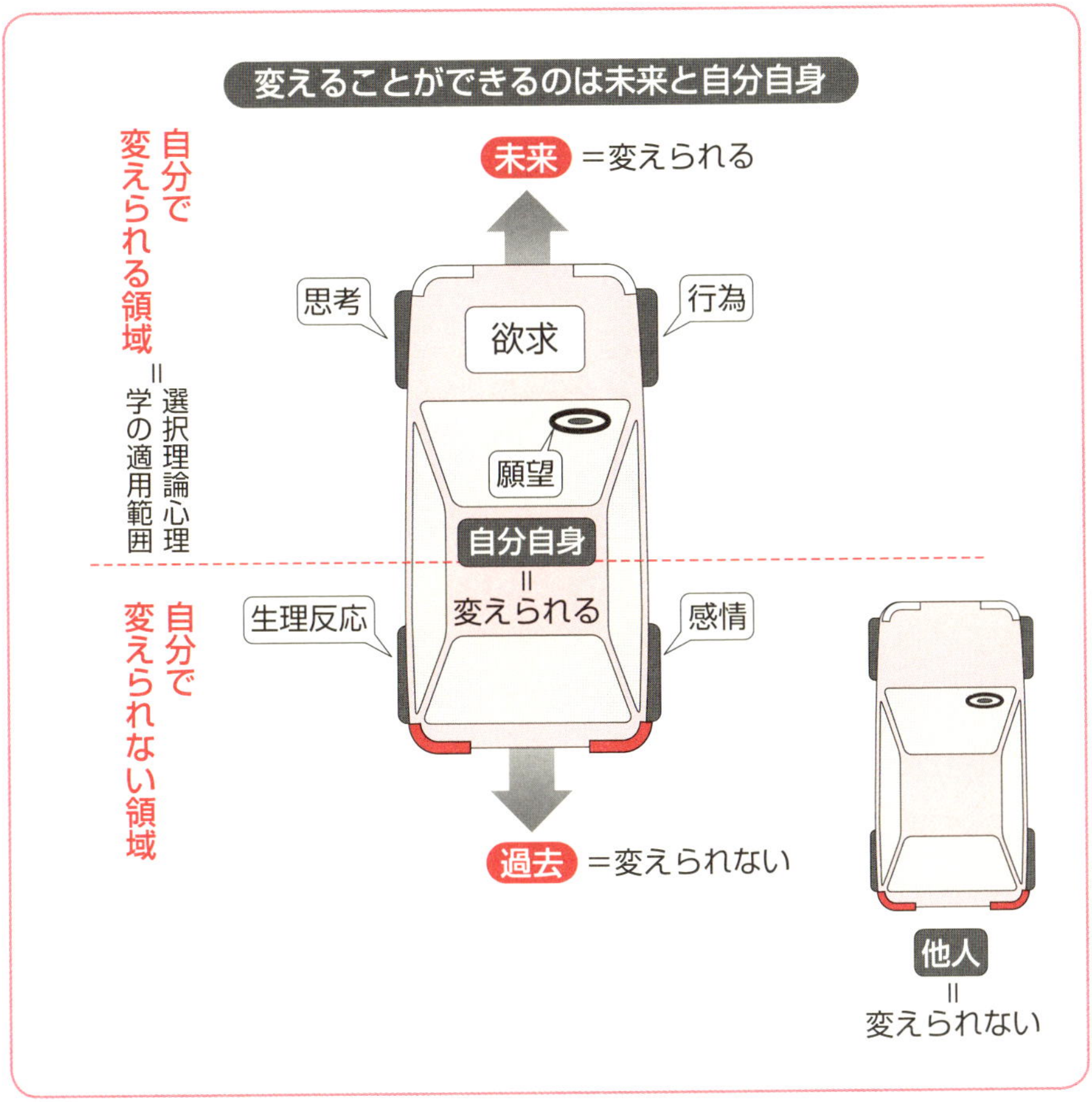
変えることができるのは未来と自分自身
自分で変えられる領域
＝選択理論心理学の適用範囲
自分で変えられない領域
未来 ＝変えられる
思考
行為
欲求
願望
自分自身
＝
変えられる
生理反応
感情
過去 ＝変えられない
他人
＝
変えられない

選択理論心理学では「人間関係」を重視します。従来の心理学では、人を変えようとして外的コントロールを使った「強制」が行なわれました。しかし、その結果、人間関係を壊してしまうことが多かったのです。部下と良い人間関係を築き、部下の上質世界（願望）に入るほうが、部下は、はるかに主体的に変化するのです。

部下が、指示や命令という「強制」で動くことはあっても、「思考」や「行為」が、変わらなければ本質的には何も変わりません。

部下の「思考」「行為」をより良いものに変えるには、問いかけ、傾聴し、部下自身の内発的動機をつくりだすコーチングコミュニケーションが、もっとも適しているのです。すなわち、変わらなければならないのは、「上司であるあなた」のほうなのです。

17 職場で部下を動かす具体的アイデア①

選択理論心理学にもとづく2つの欲求

人は誰でも、自分の欲求を満たすために最善を尽くしています。

あたりまえのことと思うかもしれません。しかし、それをしっかりと認識することが、コーチングを、より効果的なものにします。

部下の欲求を満たす行動をとれば、**当然、部下は喜んで行動します。反対に、部下の欲求を阻害する行動をとれば、部下の欲求は満たされず、抵抗さえするかもしれません。**

したがって、上司は部下の主体性を引き出すために、部下の欲求は何かを絶えず考え、それを満たす行動をとるべきなのです。

選択理論心理学の「5つの欲求」を、上司と部下の関係に当てはめてみましょう。

最初の2つは「生存の欲求」と「愛と所属の欲求」です。

①生存の欲求

まず、**生命維持に関する身体的な基本的欲求**です。

たとえば、部下に長時間の労働を強いたり、睡眠不足のまま仕事をさせたりすると、部下の生存の欲求が脅かされ、モチベーションの低下を招きます。

上司は部下があまり無理しないように配慮することが必要です。

②愛と所属の欲求

私は、会社でも、研修でも、「上司から先に部下に挨拶をしてください。積極的に声がけをしてください」

と言っています。

しかし、それに対して反論をされることも少なくありません。たとえば、「挨拶は部下から先にするのがマナー」といったものです。

たしかに、部下のマナーとしてはそのとおりでしょう。しかし、私が言っているのは、上司としての姿勢です。

上司の仕事は、部下の主体性を引き出し、部下をやる気にさせることです。

上司は絶えず部下のことを気にかけ、部下の基本的欲求を満たす行動をとらなければなりません。

上司から声をかけられたり、挨拶

職場で部下の欲求を満たすアイデア

生存の欲求	・体調を気遣う ・食事や睡眠時間がきちんと確保できるように配慮する ・危険なことや初めてやることは、安全性や、やり方をしっかりと伝える ・コロコロ言うことを変えない
愛と所属の欲求	・名前を呼んで挨拶する ・すれ違う際にいつも一声をかける ・話を聞くときは、相手のほうに身体と顔を向ける ・忙しいときでも、邪険に接しないようにする ・一緒に食事をとる機会を増やす ・声をかける ・挨拶は上司から

をされたりすると、部下の愛と所属の欲求は満たされます。自分は上司に気にかけられ、受け容れられているという気持ちが部下の心理に大きな影響を与えるのです。

反対に、上司が部下に積極的に関わろうとせず、部下には声もかけない、部下から挨拶をされても答えないということを続けたら、部下の「愛と所属の欲求」は満たされず、モチベーションは確実に低下します。

そのほかに「愛と所属の欲求」を満たすためには、「名前を呼んであげる」「一緒に食事をする」「忙しいときでも、しっかりと対応する」「チームにとって、いかに相手が必要かを伝える」「成果をあげないときでも冷たくせず、期待を伝え続ける」など、さまざまなことが考えられます。

あなたは、どうされると「愛と所属の欲求」が満たされますか？

18 職場で部下を動かす具体的アイデア②

選択理論心理学にもとづく3つの欲求

つづいて、「力の欲求」「自由の欲求」「楽しみの欲求」について説明しましょう。

③力の欲求

仕事のなかで、力の欲求が果たす役割はとても大きなものです。

人は誰もが、認められたい、役に立ちたい、達成したい、勝ちたいといった欲求をもっています。

仕事で成果をあげて、目標を達成するための原動力となる欲求です。

そのために上司は、部下に質問し、部下の声に耳を傾け、部下の目標や、その仕事の目的を明確にするアシストをしなければなりません。

部下にとって、目標達成やゴールのイメージが明確であればあるほど、力の欲求充足へのモチベーションは上がり、

「なんとしても達成したい！」

となるのです。

さらに、上司は部下をしっかりと承認することも必要です。

効果的な承認は、部下の力の欲求を飛躍的に向上させます。ほめもしなければ叱りもしないというのが、もっともいけません。

上司として、承認のスキルを学ぶ必要がある根拠がここにあるというわけです。

④自由の欲求

あなたが部下に、

「ああしろ！」

「こうしろ！」

と強制したり、一方的な指示・命令ばかり出したりしていると、部下のモチベーションは、あっという間にダウンしてしまうでしょう。

人は誰でも、人から束縛されず、自分で決めて自分のやりたいようにやりたいと思うものです。

もちろん、仕事ですから、すべて自由にできるというものではありません。

しかし、上司は可能なかぎり、部下のもつ自由の欲求を満たす関わり方をしなければならないのです。

たとえば、仕事ができる部下に、仕事の進め方に関して、自ら考えることをさせず、こまかい指示を出し、それに従うことを求め続けたとしましょう。

職場で上司が部下の欲求を満たすアイデア

力の欲求	・いい仕事をしたときには感謝し、ほめる ・成果が出ないときに、情熱や努力を認める ・「いないと困る」「助かったよ」と声をかける ・約束を守る
自由の欲求	・自由に発言してもらえるように接する ・質問に答える、相談に乗る ・全体像を伝え、主体的に動けるようにする ・一方的に決めずに、選択肢を与える ・ぎりぎりになってから仕事を振らない
楽しみの欲求	・いまの仕事で何が学べるかを伝える ・笑顔を意識する ・冗談を言う、誰かがボケたらつっこむ ・仕事以外の話もする

上司のあなたは満足するかもしれませんが、自由の欲求の高い部下にとっては、苦痛以外の何ものでもありません。

⑤楽しみの欲求

上司は、**部下にとって、「仕事が楽しいもの」であり、「職場にいることは楽しいこと」**としなければなりません。

そのために、部下の主体性を尊重し、さまざまな「学ぶ場」を提供し、成長の機会をつくることが必要です。

仕事を通して自分が成長していることを部下が実感すると、部下の楽しみの欲求が満たされ、モチベーションは上がります。

ときには飲み会を開いたり、レクリエーションの場を設けるのも効果的です。

「選択理論心理学」応用編――部課長の悩み相談室

以前、コーチングの研修を受けた部長の話です。

●応用自在なコーチングの考え方

彼は、奥さんとの関係がうまくいかず、いつも喧嘩が絶えませんでした。

共稼ぎのご夫婦なのですが、よくよく聞いてみると日常の些細なことで喧嘩ばかりしています。

「洗濯物を取り込んでいない」

「風呂を沸かしていない」

「洗い物をしていない」

「ビデオを録画していない」

などなど、数え上げればキリがありません。

どうやら、ご主人からみると、奥さんがルーズにみえるようで、いつもイライラしています。

ご主人は、なんとか奥さんを変えようと、ときには叱ったり、怒鳴ったりして、不満をぶつけていました。

しかし、奥さんは、いっこうに変わりません。むしろ、ご主人が不満をぶつけるたびに、奥さんも不満を言い返してきます。

「だったら、自分でやりなさいよ！」

奥さんのこの言葉で、二人は沈黙してしまいます。

そんな彼が「選択理論心理学」を学びました。

・他人と過去は変えられない

・自分を変えることができるのは自分だけ

・人は外からの情報を基に、自分で選択をしている

・自分の思考と行動は直接変えられる

・人には5つの基本的欲求がある

・人が「不幸」と感じるのは、大切な人との人間関係がうまくいっていないから

・良い人間関係をつくるためには、大切な人の上質世界（願望）に入ること

・人間関係を破壊する「致命的な7つの習慣」（後述）

・人間関係をつくる「身につけたい7つの習慣」（後述）

●自分が変われば事態は変わる

彼は奥さんを変えようとすることをやめ、自分の行動を改善することに努めました。

また、奥さんの上質世界（願望）に入れるように「身につけたい7つの習慣」を使うようにしました。

事態は、みるみる改善されました。

奥さんが変わったことは、いうまでもありません。

COLUMN――コーチングの現場から

やることをしっかりやってくれるようになっただけではなく、積極的に協力までしてくれるようになったのです。

お互いの会話のフレームが変わりました。

以前は、「お前が変われ、私は変わらない」でした。しかし、いまは「私が変わる、あなたは変わらなくても良い」です。

その結果、相手は自ら、どんどん変わっていきます。

つくづくその部長は言ってくれました。

「以前は妻に変われ、変われと言ってきて、妻そのものが変わるところ（離婚）でした」

●良い人間関係を築くための理論とスキル

妻と夫、親と子、先生と生徒、経営者と社員、上司と部下、あらゆる人間関係で相手を変えようということが行なわれています。

しかし、その結果、外的コントロールが使われ人間関係が壊れていきます。

コーチングはコミュニケーションスキルです。もう少し具体的に言えば、部下の主体性を引き出すためのコミュニケーションスキルです。

このコーチングスキルを支える理論としては「選択理論心理学」がぴったりです。

逆もまた真なりで、上司と部下という関係であるなら、選択理論心理学を実践するためにはコーチングスキルがもっとも効果的です。

私は部下と良い人間関係をつくり、部下の主体性を引き出したいと願う管理職は、選択理論心理学とコーチングをセットにして学ぶべきだと思っています。

以前、私はコーチング研修ではコーチングスキルのみを紹介していました。しかし、現在は選択理論心理学とコーチングをセットにしています。

その結果、コーチングの定着率が飛躍的にアップしました。

部下の主体性が高まるだけでなく、働く人たちの人間関係が良くなり、職場に「創造性」が生まれ、組織文化が発達したのです。

選択理論心理学を通して初めて、コーチングスキルが、いかに理にかなっているか、そして、いかに人間の基本的欲求を満たすうえで効果的な人材育成スキルであるかが理解できるのです。

19 部下との人間関係を破壊する7つの習慣

気づかないうちに使っているマイナスの作用

あなたと部下との人間関係はうまくいっていますか？

もし、あまりうまくいっていないのなら、それだけで部下のモチベーションが上がらないでしょう。

なぜなら、上司と部下である前に、まず人間どうしという関係があるからです。

その関係の良し悪しは、部下のモチベーションに対して大きな影響を与えます。

選択理論心理学を提唱しているウィリアム・グラッサー博士は、長年のカウンセリングの経験から、

「人間にとって唯一の問題は不幸であること。不幸の最大の原因は大切な人と良い人間関係を築けていないこと」

と断言しています。

たとえば、親子関係、夫婦関係、上司と部下の関係などにおいて、もし、良い関係が築けていなければ、たしかに幸せではありません。

なぜ、大切な人と、なかなか良い関係が築けないのでしょう。

それについて、グラッサー博士は、「人間関係を破壊する7つの習慣」があるといいます。

①批判する

批判されて嬉しい人は誰もいません。批判している人を嫌いになるだけです。

②責める

叱るというのは部下の過ちを正すことですが、責めるというのは過ちを正すというよりも、相手を追い込んでしまうものです。

責められることが長く続けば、間違いなく人間関係は修復不能になるでしょう。

③文句を言う

文句からは何も生まれてくることはありません。

プラスマイナス・ゼロどころか、さらに、お互いの親密さが失われるというマイナス面もあります。

④ガミガミ言う

二度以上繰り返す注意はくどいだけです。

部下が、ガミガミ言うだけの上司

人間関係を破壊する7つの習慣

1. 他者をけなし、批判する
2. 他者の責任にし、責める
3. 他者を受容せず、文句を言う
4. 他者を認めず、ガミガミ言う
5. 他者を強制するために、脅す
6. 他者を見下げ、罰を与える
7. 他者を服従させようと、褒美でつる

マイナスに作用する言葉

- 無視
- 今度失敗したら許さない
- 君は必要ない
- B君はできるのになぜ君はできないの
- 君が悪い
- オマエのせいだ
- そんなこともわからないのか
- 何度いったらわかるんだ
- この仕事をしてくれたら休みをあげよう
- リーダーをはずすぞ
- 顔も見たくない
- 期待はずれだ
- もう君には頼まない

を避けたくなるのは当然です。

⑤脅す

部下を怯えさせ、ねじ伏せようという関わり方は、部下の精神的な自由を奪います。

部下は、あなたの権力や地位には従っても、あなた自身に従うことはありません。

⑥罰を与える

失敗した部下は、改善行動をとるかもしれません。

しかし、そんなとき、部下に罰を与えてしまっては、ただ恐れを与えるだけです。

⑦褒美でつる

人は誰でも褒美を与えられることは好きです。

しかし、褒美でつる上司を部下は尊敬しないでしょう。

20 部下との人間関係を確立する7つの習慣

上司のあなたの習慣から見直しを

グラッサー博士は、人間関係にプラスに作用する「人間関係を確立する7つの習慣」というものも提唱しています。

①傾聴する
部下の話に耳を傾けたうえ、部下に質問し、より掘り下げて話を聴きます。

②支援する
部下の目標達成を応援し、上司としてできることをします。

③励ます
部下を力づけ、部下に勇気とやる気を与えます。

④尊敬する
部下を一人の人間として尊敬し、尊重します。

⑤信頼する
部下は必ず目標を達成できる人として信頼します。

⑥受容する
部下を否定することなく受け容れ、承認します。

⑦意見の違いについて交渉する
部下と考え方が違う場合には、強制せず、また否定せず、冷静に話し合います。

つまり、これは「人間関係を破壊する7つの習慣」とは、まったく逆のものです。

これらを使うと、とくに部下の「愛と所属」「力」「自由」「楽しみ」という基本的欲求は間違いなく満たされます。

コーチングは、部下の主体性を引き出すコミュニケーションです。

そのための大前提として、上司と部下との良い人間関係が必須であることは、いうまでもありません。

人間関係が悪いのに、上司と関わることで、主体性が引き出されるはずがありません。

上司であるあなたは、ふだんの習慣や部下との接し方から見直していきましょう。

人間関係を確立する7つの習慣

1. 傾聴する
2. 支援する
3. 励ます
4. 尊敬する
5. 信頼する
6. 受容する
7. 意見の違いについて交渉する

プラスに作用する言葉

ありがとう
よくやってくれた
君に任せた
頼もしいね
話し合おう
さすがだね
応援しているよ
君のおかげだ
感謝してるよ
信頼している
君しかいない
頑張って

コーチング こぼれ話②

●苦手な部下への対処法

多くの会社でコーチング研修をすると、苦手な部下に対してどのように主体性を引き出せばよいのかが問題となります。

苦手な人というのは、どちらかというと、あなたと考え方や行動が違う人です。

違う人に対して私たちは否定的になりがちです。

細部をきっちりつめる人にとってはアバウトな部下は無能と思います。

一方、即、結論を求める人にとっては、なかなか行動をとらない部下は行動力がないと感じます。そこを直そうとすると、お互いにイライラしたり、衝突したりしてしまいます。

上司と部下には人間的な差はありません。役割の違いがあるだけです。そのことを知ると苦手な部下も少しは話をしやすくなるかもしれません。

第4章

部下が不満を言ってきたときこそ千載一遇のチャンス

CaseStudy
04

こんな間違った部下指導をしていませんか？

テーマ

部下の話を聞かない上司

悪い例

上司「最近、調子どう？」
部下「はい。じつは、胃の調子があまり良くないんです」
上司「私が聞いているのは、仕事のことだよ」
部下「あまり良くありません」
上司「本気出してやっているのか」
部下「なかなかうまくいかないんです」
上司「君は先月も未達成だ。まさか2か月連続で未達成なんてことはないだろうね」
部下「………」
上司「とにかく何とかしてよ。いいね」

なぜいけないか

❖成果をあげていないことを責めているだけで、部下の話を聞いていない。典型的なワンウェイ・コミュニケーションになっている。どうしたら体調が良くなるのか、どうしたら成果が上がるのか、何の解決策も見出されていない。

良い例

上司「最近、調子どう?」
部下「はい、最近、胃の調子があまり良くないんです」
上司「何かあったの?」
部下「今月も成果が出ず、胃にきちゃっているみたいです」
上司「それはいけないね。で、仕事はどうなの?」
部下「いま、行き詰まっているんです」
上司「君が行き詰まっているというのは余程のことだね。打開策はどう考えているの?」
部下「いままでのお客様を丁寧に掘り起こすしかないかなと思っているんです」
上司「そうか、既存のお客様掘り起こしは、いちばん確率が高いからね。私も協力するよ。何でも言ってくれ」

なぜ、良いか

◉「何があったの?」と部下の話を引き継ぎ、「それはいけないね」と部下を気遣っている。「余程のこと」と行き詰まる部下に理解を示すとともに、協力を申し出ることによって、部下を勇気づけている。

◀◀◀ 部下を育てる指導については本文で ◀◀◀

21 部下の話は「聞」かずに、「聴」くこと

上司の仕事は話し手になることではない

「賢者は聞き、愚者は語る」(ソロモン)という言葉があります。

私は仕事柄、多くの会社を訪問します。そこでよく見かける光景のひとつが、上司が話し手に、部下は聞き役になっているということです。

上司は、部下を思い通りに動かそうとして、「ああしろ」「こうしろ」「これは何々」と会話を独占している場合がほとんどです。

なかには部下が話そうとすると遮ってしまい、一方的に話している上司もいます。部下はひたすら聞き役です。

「話すことが上司の仕事だ」と思っているのではないか……という人もいるほどです。

たしかに、話すことによって、上司から部下に何かを伝えるというのは大切なことです。しかし、ちょっと考えてみてください。

あなたが部下の立場に立ったとき、上司を理解したいと思いますか。それとも、自分のことを上司に理解してもらいたいと考えるでしょうか。

もちろん、たいていの人は、自分を理解してもらいたいと考えるはずです。

●部下は理解されたいと思っている

コーチングを効果的に行なっていくうえで、まず上司が知るべきことは、部下はいつも、上司であるあなたに、「わかってほしい、理解してほしい、話を聞いてほしいと思っている」ということです。

私は、「**良い聞き手に出会うと、楽しみや嬉しさは2倍になり、悲しみやつらさは半分になる**」と考えています。

部下にとっては、上司にわかってもらえないまま、一方的に話されるのは、ときとして苦痛でしかありません。部下と良い人間関係をつくるうえでも、聞くことは重要です。

部下の話を聞くことのできる上司は、部下の気持ちになって考えることのできる人でしょう。

反対に、自分で話してばかりいる上司は、おそらく、部下に自分の気持ちを押しつけてばかりいる人に違いありません。

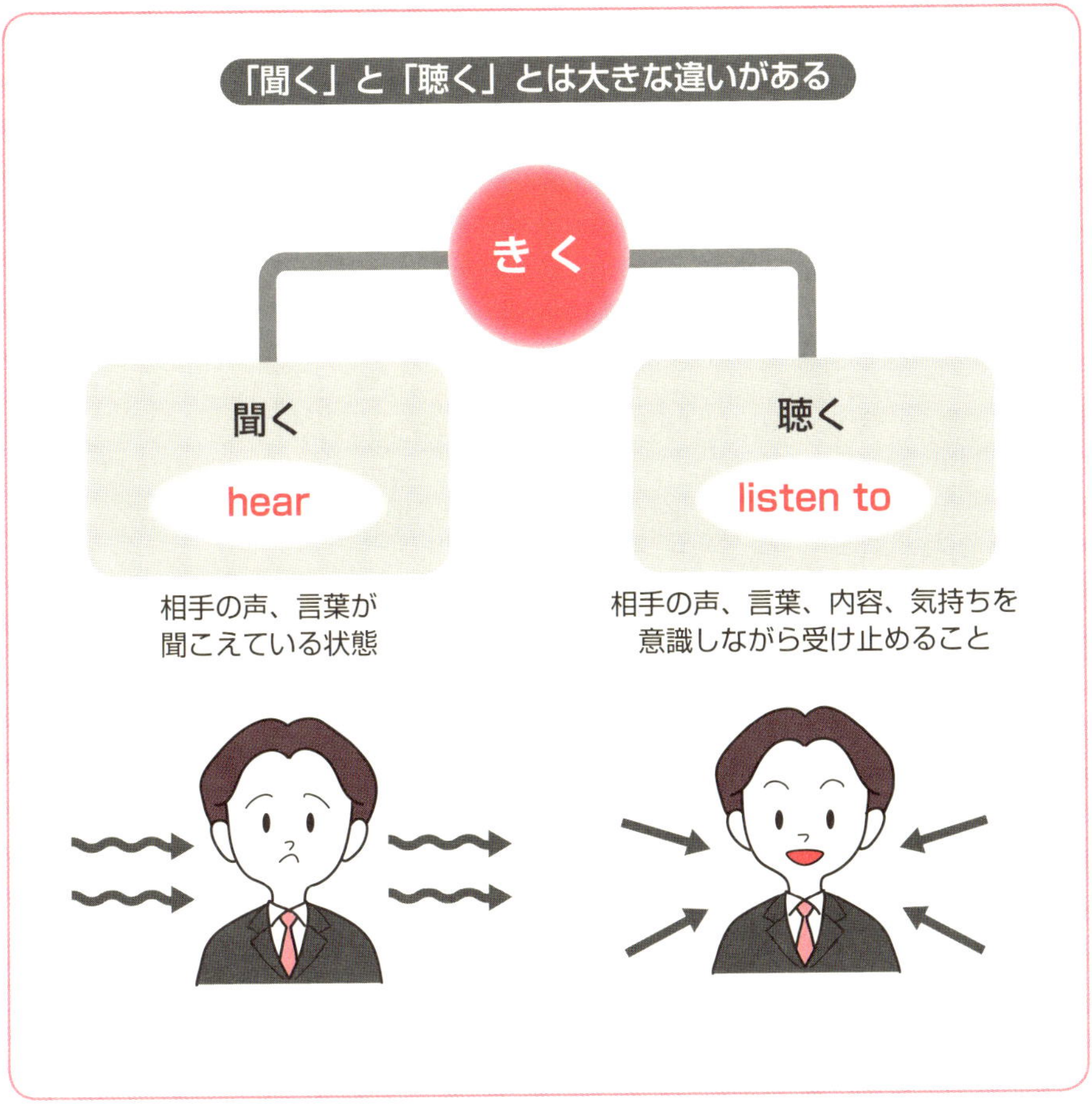
「聞く」と「聴く」とは大きな違いがある
きく
聞く
hear
相手の声、言葉が
聞こえている状態
聴く
listen to
相手の声、言葉、内容、気持ちを
意識しながら受け止めること

コミュニケーションにおいては、話すよりも聞くことのほうが重要なのです。

「きく」には聞く（Hear）と、聴く（Listen to）の2種類があります。

「聞く」は耳が開いているという意味で、音として聞こえているというときに使います。とくに、意識しているわけではないが、耳に届いているという感じです。

BGMや街の騒音など聞こえているように、意識して受け止めているわけではありません。

これに対して**「聴く」は心で受け止めるというときに使います。**

相手の声、言葉、内容、気持ちをしっかりと心で受け止めるという意味です。

「聴く」ためには意識を向けることが必要です。

部下の話は「聞」かずに、しっかり「聴」いてください。

22

なぜ「傾聴」することができないのか

聴き手にも話し手にもメリットがあるはずなのに……

聴き手にとっても、話し手にとっても、大きなメリットを生み出すのが「傾聴」という行為です。

ここでは、それぞれに分けて考えてみましょう。

●話し手のメリット

感情レベルとして……気持ちが楽になる。スッキリする。癒される。安心する。ストレス発散になる。わかってもらえて嬉しくなる。嬉しさが膨らむ。気持ちが落ち着く。元気になる。頑張ろうという気になる。前向きな気持ちになる。失敗してもやり直そうと思える。

思考レベルとして……自分を見つめ直すことができる。気づくことができる。考えがまとまる。新しい考えやひらめきが浮かぶ。

人間関係レベルとして……心の扉を開く。相手に感謝する。相手に好意を抱く。聴き手を信頼する。**相手の話も聴こうとする。**

●聴き手のメリット

信頼される。人間関係ができる。新しい発見がある。違う見方や考え方ができる。話し手に「相手の話も聴こう」という気持ちにさせる。

このように「聴く」ことには、話し手にとっても、聴き手にとっても、多大なメリットがあります。

しかし人は、なかなか素直に他人の話を聴くことができません。それはなぜでしょう。

「聴く」ことを妨げる要因の主なものとして、次のようなものが考えられます。

理解させよう、わからせよう……この気持ちが強いと、他人の話は聴けなくなります。多くの上司は部下を理解しよう、わかろうとする前に、このように思いがちです。

思い込み……「きっとこうに違いない」「こうあるべき」などの思い込みや先入観は、「聴く」ことを妨げます。「思い込み」がブロックとなって、相手の声が心に届かないのです。

自分の正しさ……多くの上司は成

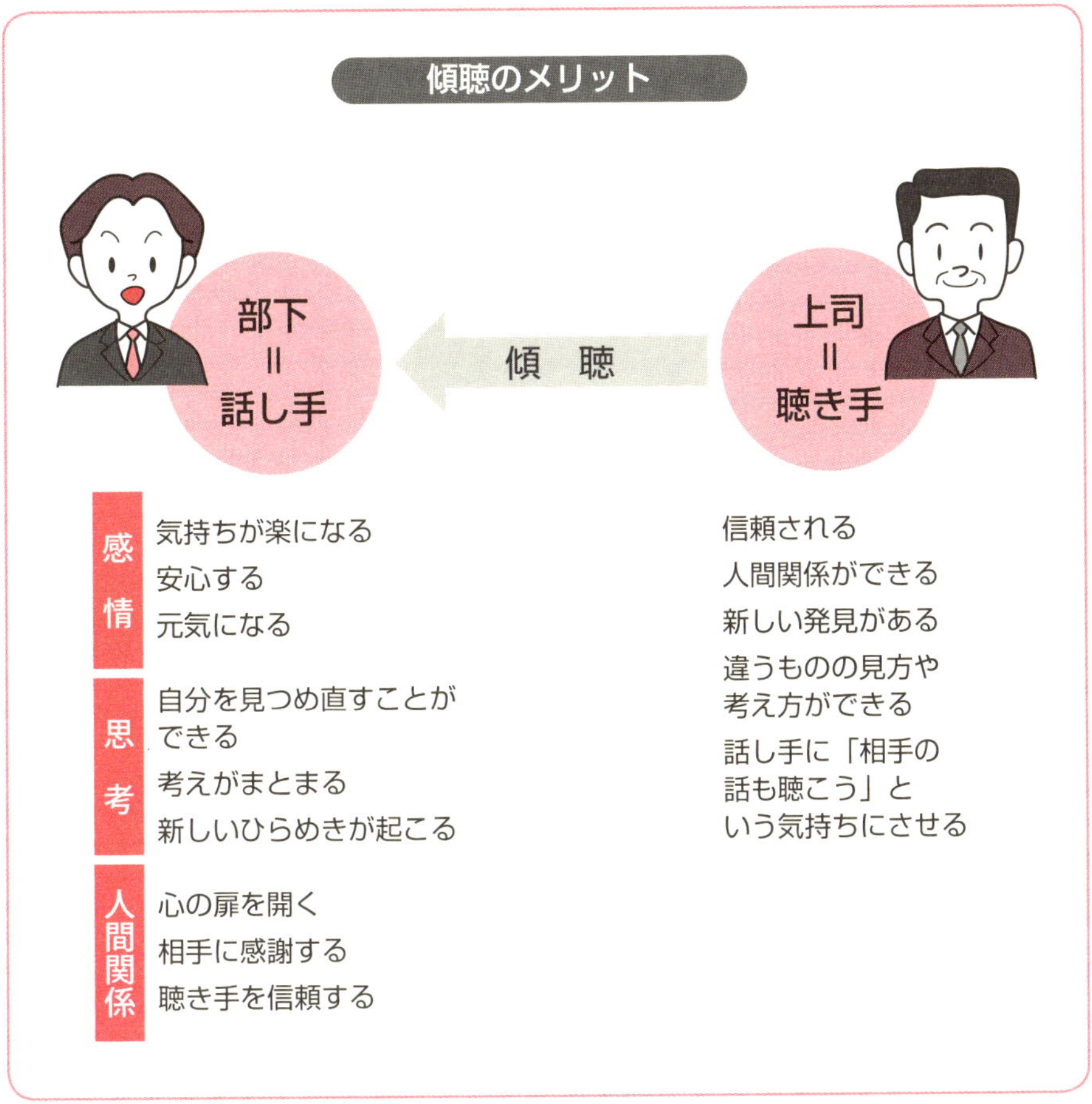
傾聴のメリット
部下
=
話し手
傾　聴
上司
=
聴き手
感情
気持ちが楽になる
安心する
元気になる
思考
自分を見つめ直すことができる
考えがまとまる
新しいひらめきが起こる
人間関係
心の扉を開く
相手に感謝する
聴き手を信頼する
信頼される
人間関係ができる
新しい発見がある
違うものの見方や考え方ができる
話し手に「相手の話も聴こう」という気持ちにさせる

功体験から、こだわりをもっています。そのこだわりから解放されるのは容易ではありません。

部下を信頼し、もしかしたら正しいのは部下のほうかもしれないという気持ちが必要です。

相手から学ぶ意識の欠如……場合によっては、部下が「答え」をもっているかもしれません。現場や、お客様に、もっとも近いところにいる部下から学ぶ姿勢が必要です。

相手に対する関心の欠如……そもそも相手に関心がなければ「聴こう」という気持ちは生じません。上司が部下の仕事の推移や心の状態に関心がなければ聴けないのです。

しかし、これは、部下育成という観点からいうと致命的です。「育成」の第一歩は「関心」をもつことだからです。

23 部下が納得する上司の聴き方とは①

目で聴く、顔で聴く、口で聴く

あなたは、話をしている部下が、「上司に話を聴いてもらっている」とわかる聴き方をしているでしょうか。

たとえ、部下の話をいくら聴いても、「聴いている」ことが伝わらなければ「聴く」というメリットは活かされません。

コーチングは部下に話をさせることが基本ですが、ここで、**部下が「上司に自分の話を聴いてもらっている」ことをきちんと認識できる「積極的傾聴」スタイルの3要素**をご紹介します。

最初は「アイコンタクト」です。

①アイコンタクト

まず、部下のほうを見て、きちんと視線を合わせることです。

たとえば、部下が相談ごとのために、上司に話しかけても、上司はキイボードから手を離すことなく、ディスプレイを見つめたまま、「うんうん」とうなずいているという姿を見かけることがあります。

しかし、そんな態度をとっていたら、部下はどんな気持ちになるでしょう。

せっかく話をしようと思っていても、つい遠慮してしまい、途中で話を止めてしまうかもしれません。

逆に、上司が部下に話しかけたとき、部下がキイボードから手を離さず、ディスプレイを見つめているままだったらどうでしょう。

きっと、上司は部下に、「こちらを見ろ」と言って叱るに違いありません。

「目は口ほどにものを言う」という言葉がありますが**「目は耳以上にものを聴く」**と言っても過言ではありません。

アイコンタクトには、「私はあなたに興味があります」「あなたの話を聴きたい」ということをあらわす基本的なメッセージが含まれているのです。

左ページの図にある「表情、あいづち、うなずき」、そして「リフレイン」については、次の項目で説明します。

話の聴き方にはコツがある

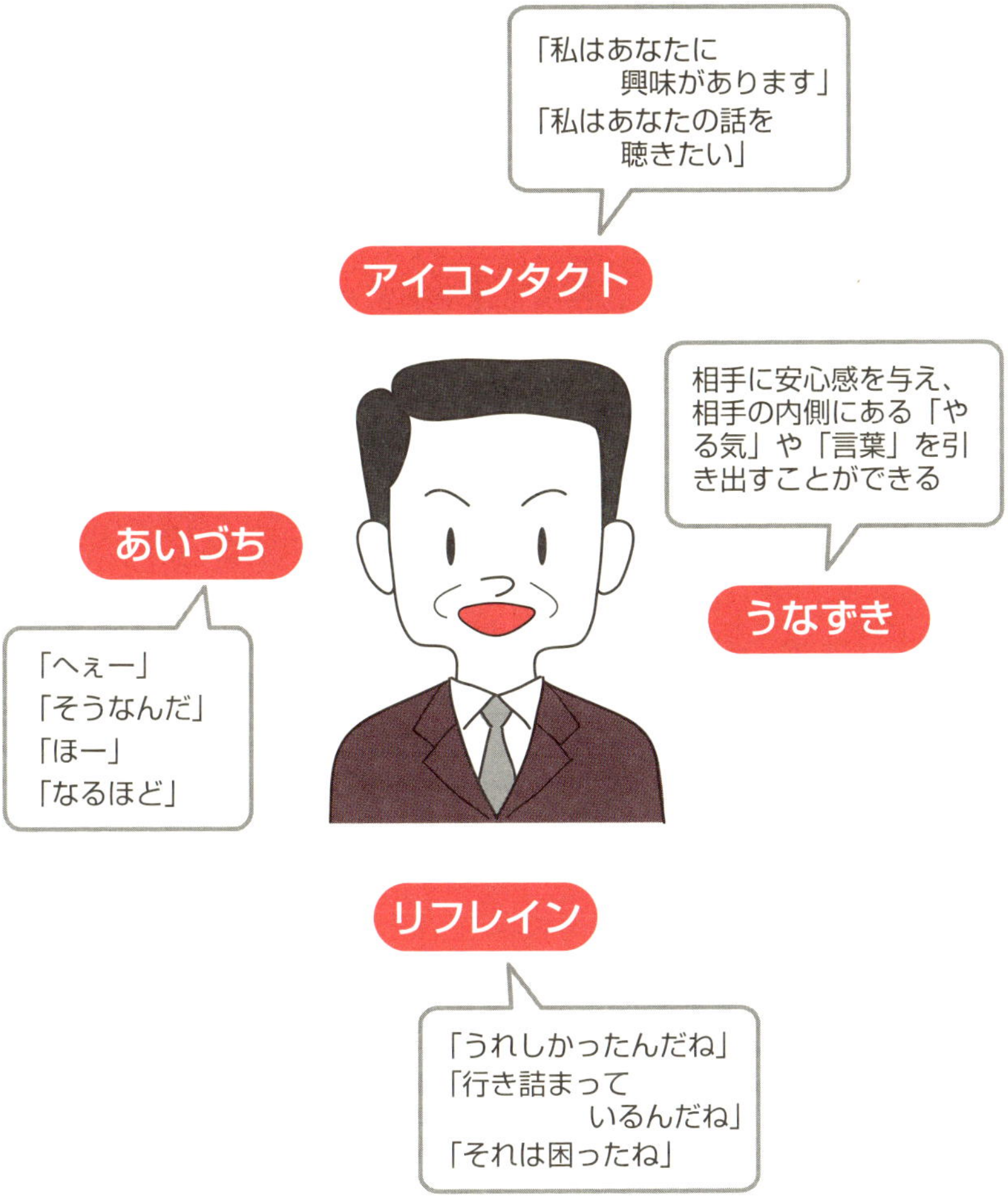
「私はあなたに興味があります」
「私はあなたの話を聴きたい」
アイコンタクト
相手に安心感を与え、相手の内側にある「やる気」や「言葉」を引き出すことができる
うなずき
あいづち
「へぇー」
「そうなんだ」
「ほー」
「なるほど」
リフレイン
「うれしかったんだね」
「行き詰まっているんだね」
「それは困ったね」

上司は部下に

「意識」と「体」を向ける

24 部下が納得する上司の聴き方とは②

部下の心理に影響を与える視覚情報

「聴き方」の話をつづけます。

②表情、あいづち、うなずき

聞き手は話し手の何を重視するかについて、アメリカの心理学者アルバート・メラビアンの唱えた「3Vの法則」というものがあります。

それによると、表情、目線、動作などの視覚情報（Visual）が55パーセント、声の調子や早さなど聴覚情報（Vocal）が38パーセントで、話の内容などの言語情報（Verbal）は、わずか7パーセントにすぎません。

つまり、**表情、あいづち、うなずきなどの視覚情報が、話し手の部下の心理に大きな影響を与える**というわけです。

まず「あいづち」は、「あなたの話を聴いています」という、もっとも基本的な反応です。

話の内容に合わせて、「へ〜」「ほ〜」などの定番の「あいづち」を使い、抑揚をつけると、短いあいづちでも、部下に「話を聴いてもらっている」という安心感を与えます。

「そうですよね」「たしかに」「なるほど」といった言葉があると、「どのように感じているのか」も話し手に伝わります。

さらに「うなずき」も重要で、相手に安心感を与え、相手の内側にある「やる気」や「言葉」を引き出すことができます。

③リフレイン

相手の話のポイントをそのまま繰り返す「オウム返し」が基本です。**リフレインすることで、話し手はしっかりと自分自身を受け止めてもらったという安心感を抱きます。**

たとえば、部下が嬉しそうに、「1000万円の受注をいただきました」と報告をしてきたとき、「あ、そう」と言うだけの上司と、「1000万円！　すごいね、おめでとう」という上司では、どちらの上司が部下の信頼を得るかは明らかです。

もちろん、表情や声のトーンも重要です。

上司が本当に聴いてくれている、発言や行動を受け止めてくれていると思えることが、部下のやる気を引き出すのです。

メラビアンが唱えた「3Vの法則」

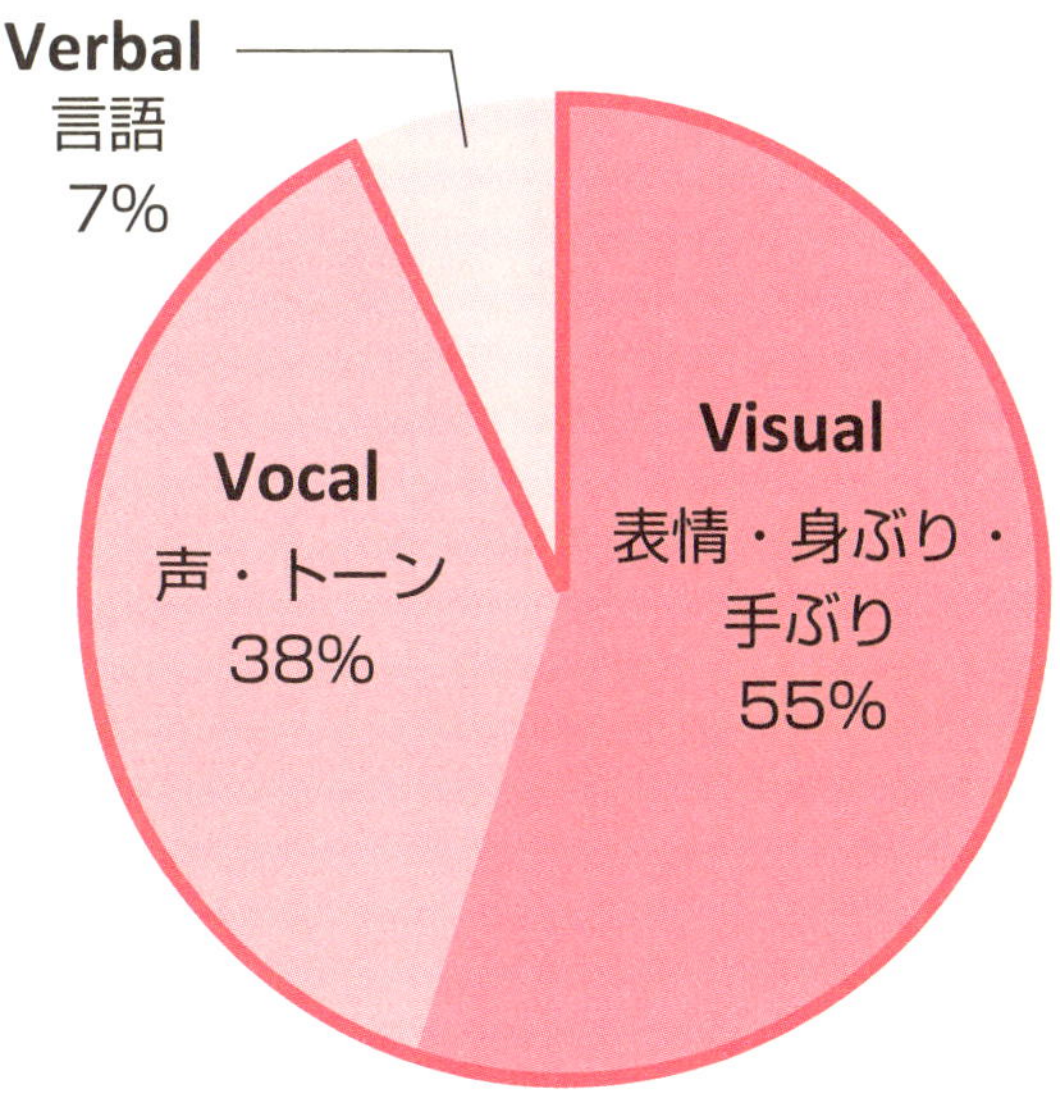

- 言葉にならないメッセージが大きな力をもっている。
- 口では「いいよ」と言っても、表情・身ぶり・手ぶりや声のトーンが「よくない」という態度を示している場合には、態度のほうが相手に伝わってしまう。

部下の話をどう聞けばいいか——部課長の悩み相談室

誰もが管理職になったら、何をどう話そうかを考えます。先日も、ある新任の管理職研修のなかで、一人の管理職から相談を受けました。

●口下手な上司からの相談

「私は口下手で、うまく話ができません。部下にどんな話をすれば、やる気になってくれるのでしょう」

私は彼に聞きました。

「何を話しているんですか？」

「いろいろな話をしているんですけれども……ときにはハッパをかけたり、ときにはイライラして怒鳴ってしまうこともあります。もっと気の利いたことが話せればいいと思うこともあります」

「それで、部下は、やる気になっているんですか？」

「いや、いっこうにやる気が見られず、困っているんです」

私は彼に質問をしてみました。

「視点を変えてみましょう。あなたなら、上司からどのようにしてもらうと、やる気になりますか？」

「そうですね。ほめてもらったときや、話を聴いてもらったときですね」

「やる気がなくなるときは？」

「話を聞いてもらえず、ただ『やれ！』と言われると、とたんに、やる気がなくなってしまいますよ」

「部下の話を聴いていますか？」

「聴いているつもりなんですが……」

●部下のやる気は聴くことで引き出せる

部下はどうしたらやる気になるのでしょう。部下をやる気にさせることがうまい管理職とヘタな管理職とでは、具体的に何が違うのでしょうか。

抽象的な議論はいくらでもあると思いますが、一方の当事者である部下自身に直接聴いてみることが参考になります。

私はよく、新任の管理職研修や中堅社員研修のなかで、「やる気を奪う上司の条件」というテーマでディスカッションをしてもらうことがあります。

「部下のやる気を引き出す方法」とすると、キレイごとや建前しか出てきません。ところが、「やる気を奪う」という否定的な方向からアプローチすると、彼らの本音が次から次へと出てきます。

そのなかで、毎回、もっとも多いのが「話を聴いて

Column――コーチングの現場から

もらえない」「一方的に決めつける」というものです。

部下にとっては、上司に話を聞いてもらえないことが、もっともつらく、やる気がなくなるのです。

●反面教師にしたい上司たち

部下にかぎらず、人は誰にでも「自分の話を聴いてもらいたい、受け容れてもらいたい、理解してもらいたい」という気持ちがあります。それがかなえられることで「愛と所属の欲求」や「力の欲求」を満たすことができるからです。

ですから、部下をやる気にさせようとするなら、まずは部下の話をきちんと聴くことです。何をどう話すかは、その次です。

では、上司が部下の話を聞かない具体例を挙げてみましょう。部下のやる気を確実に奪う例で、よく目にする光景です。自分に当てはまることはないか振り返ってみてください。

●相手の話を最後まで聞かない

「ああ、もうわかった」「時間がない」「さっき、聞いたよ」「言い訳は聞きたくない」と、相手の話を制止してしまうようではいけません。

●相手の話し方を批判する

「結論だけでいい」「要するに何が言いたいんだ」と、話の腰を折ってしまう。

●部下の目を見ない

ほかのことをしながら聞くなど、部下の目も見ず、話に耳を傾けようとしない。

●まず、否定から入る

「それでうまくいくわけがないだろう」「そんなこと、とっくにやってみたよ」「やることをやってから言ってこい」「できるわけないだろう」など。部下は二度と新しい提案をしなくなります。

●そもそも話を聞かない

「忙しいから、あとで」「今度にしてくれ」「わかった、わかった、そのうち」など。部下を育てるうえで、「聞くこと」がいかに大切かがわかっていない。このようなことでは、上司失格です。

25 上司はバッターではなくキャッチャーになれ！

部下の意見を受け止めたうえでボールを返す

部下が意見を述べているとき、あるいは何かの提案をしてきたとき、あなたはどのように対応しているでしょうか。

たとえば、

「そんなことはわかっている」
「以前に試してみたよ」
「それは間違っている」
「それじゃ、意味がない」

といったような返事を、即座にしたら、どうなるでしょう。

おそらく部下は、あなたのところに、もう二度と意見や提案をもってこなくなるでしょう。

もちろん、上司のあなたのほうが、知識も経験も判断力もあることでしょう。

しかし、却ってそれが、上司の「聴く力」を阻害しているケースが少なくありません。

上司の役割は、部下に考えさせて、部下の主体性を引き出すことにあります。

せっかく部下が前向きな姿勢を示しているときに、出端をくじいてしまっては元も子もありません。

それはまるで、**ピッチャーである部下の投げたボールを、キャッチャーであるあなたが捕球するどころか、バットで打ち返してしまうようなもの**です。

●数秒の会話が部下のやる気を生む

では、どうしたら良いかといえば「部下の話を、ひとまず最後まで聴く」ことです。

たとえ、部下の意見や提案が、あなたの考えと違っていても、あるいは、あなたからすれば稚拙なものだったとしても、次のように答えてあげてください。

「なるほど」
「面白い視点だね」
「そうとも考えられるね」
「たしかに言いたいことはわかる」

この場合、見えない努力も認めて、次のような「承認」の言葉を添えると、さらに効果的です。

「かなり準備をしてきたね」
「努力のあとが見えるよ」

部下の意見や提案の不十分な点を修正するのは、それからでも遅くはありません。

部下の投げたボールは、まず、あ

優秀な上司は名捕手である

「なるほど」
「面白い視点だね」
「そうとも考えられるね」
「たしかに」
「言いたいことは
わかった」
上司の役割は、まず部下の
話を最後まで聴くこと

なたのキャッチャーミットで、いったん、受け取りましょう。

それから、ボールを投げ返せば良いのです。

ボールを受け取るためのコミュニケーションに要する時間など、ほんの数秒です。

しかし、この数秒が部下にやる気を与えます。

私は、これまでに何百人もの部下と仕事をしてきました。

最初は取るに足りない提案でも、じっくり聞いていると、そこに部下の「改善したい」という意欲を感じ取ることができます。

その意欲を削いでしまってはいけないのです。

まずは、しっかり受け取り、そのあとに、承認しながら、こちらの意見を伝えるのです。

26

部下の不平不満を活力源にする

「新たな提案」に変身させるワザ

部下が不平不満を言ってきたとき、あなたはしっかりと聴くことができるでしょうか。

「部下は不平や不満を言ってはいけない」

と、かたくなに信じている上司がいます。このような上司は、部下の不平や不満には耳を貸さず、

「そんな暇があったら仕事しろ」

「経験もないのに、わかったようなことをいうな」

などと、部下を突き放してしまいます。

誰でも不平や不満など聞きたくありません。なぜなら、ネガティブな気持ちになりたくないし、何よりも、自分の「正しさ」を否定されたくないからです。

不平不満は、つまるところ「私はあなたに満足していません」というメッセージなのです。

私はさまざまな会社で連日、研修講演を行なっています。

その研修講演の最後には必ずアンケートをとります。じつは、そのなかに「研修に満足しましたか」という項目も入っており、「大変満足・満足・普通・不満・大変不満」のなかから答えていただいています。

さすがに、これを読むときには緊張します。自分の正しさが否定されるのではないかという恐れがあるからです。あまり良くない結果だと凹んでしまいますが、そういうときほど自問自答します。

「何が問題だったのか」「どうしたらもっと良くなるのか」……。

結果として、良くないアンケートほど後々の改善につながります。

●部下を「被害者」にしていないか

上司は、部下が不平不満を言ってきたときほど、じっくりと耳を傾けなければなりません。

不平不満は基本的に、「あなたは私を幸せにする義務があるのに、その義務を果たしていない」というスタンスからのメッセージです。

これを放置すると、部下は確実に「被害者」になっていきます。

部下の立っているスタンスを変えなければ、部下の成長は止まってしまいます。すなわち、**部下を「私が**

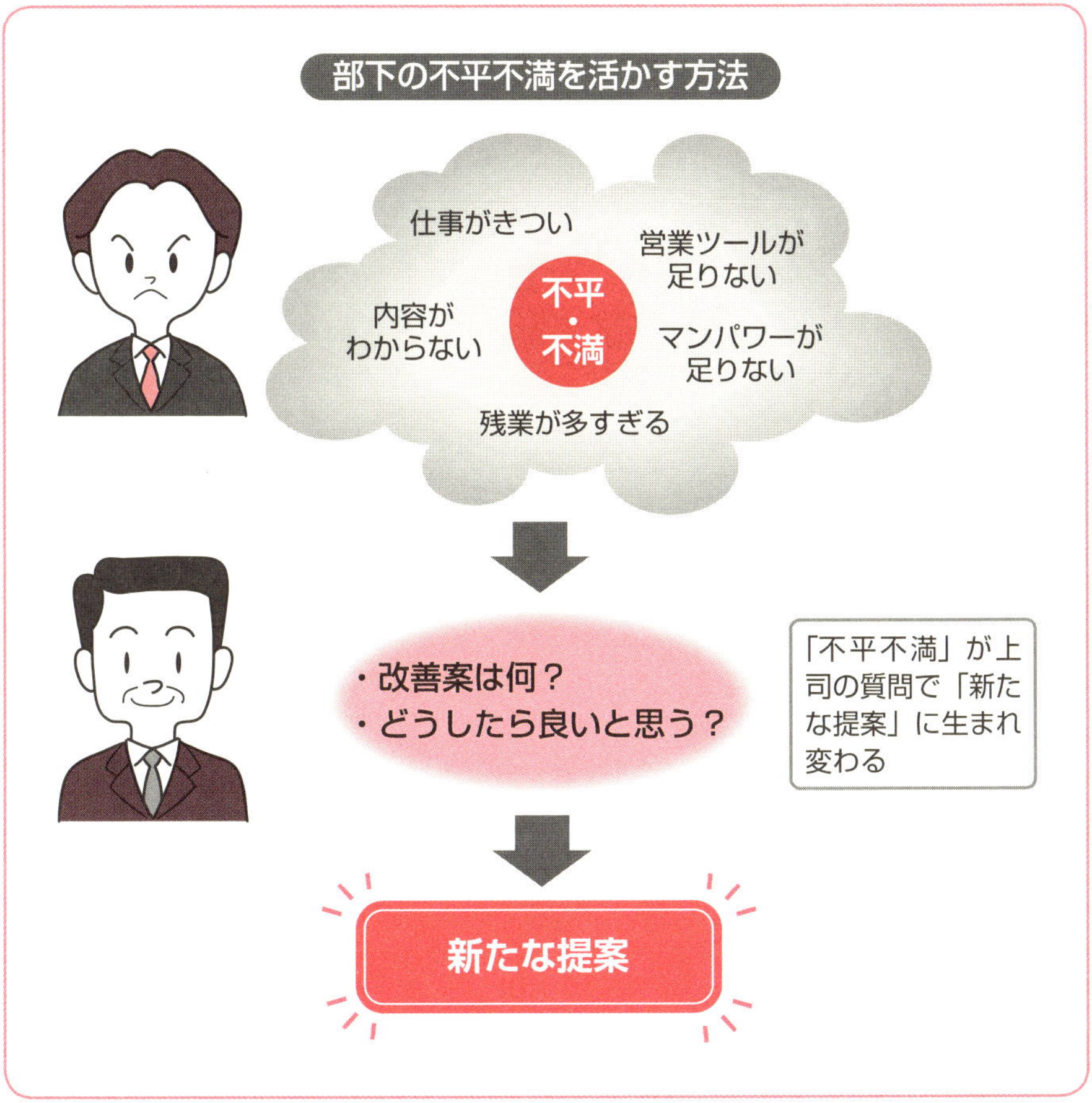
部下の不平不満を活かす方法
仕事がきつい
営業ツールが足りない
内容がわからない
不平・不満
マンパワーが足りない
残業が多すぎる
・改善案は何？
・どうしたら良いと思う？
「不平不満」が上司の質問で「新たな提案」に生まれ変わる
新たな提案

行動しなければ私は幸せになれない」という自己責任のスタンスに移行させることが必要なのです。

部下の不平不満には、じっくり耳を傾け、そのうえで部下に質問をします。

「君はどうしたらよいと思う？」

「改善のための、君の考えを教えてくれないか」

この質問で不平不満が一瞬にして「提案」に変わります。

さらに、あなたが部下の不平不満にしっかりと耳を傾けることで、部下の不平不満が解決するかもしれません。

あなたにとって、聞きたくないと思うものほど「聴く」価値の高いものだというわけです。

「話すはスキル、聴くは器」ということです。

第5章

部下の能力を引き出すには仕事責めより質問責め

CaseStudy
05

こんな間違った部下指導をしていませんか？

テーマ

年上の部下

悪い例

上司「Aさん、少しは新人のB君の面倒をみてくださいよ……」
部下「もう私の出る幕じゃないですよ」
上司「そんなことを言わずに、みんな彼には手を焼いているんですから」
部下「もう、あなたたちでやればいいじゃないか」
上司「少しは協力してくれたっていいじゃないですか。そのためにいるんでしょ」
部下「あんたたちでやってよ！」

なぜいけないか

❖「少しは面倒みてください」という言葉は、「実際は、ほとんど面倒をみてくれていない」と不満をあらわすメッセージになっている。「少しは協力をしてくれたっていいじゃないですか」はAさんの年上としての今までの仕事を全否定することに、つながりかねない。

良い例

上司「相談があるのですが、どうしたらB君をやる気にさせることができるでしょう?」
部下「もう私の出る幕じゃないよ」
上司「ぜひ、Aさんの力を借りたいのです。今まで多くの方を育てて来られた経験も豊富ですし、良い方法を教えてほしいのです」
部下「どんな感じなの?」
上司「遅刻ばかりして、仕事のモチベーションも低いんです」
部下「原因を知る必要があるね」
上司「Aさんにだったら、心を開いてくれると思うんです。お願いします」
部下「よし、B君と時間をとってみよう」

なぜ、良いか

◉相談というかたちで申し出ているので、年上の部下にとって自分の存在価値を感じることができる。「多くを育ててきた」「経験豊富」ということを伝えることで、年上の部下を承認している。指示ではなく「お願い」というかたちをとっているので、年上のプライドが尊重され、部下も動きやすい。

◀◀◀ 部下を育てる指導については本文で ◀◀◀

27 上司からのこんな質問が部下を成長させる

主体性を引き出す質問の仕方

質問というのは、答えを知らない人から、答えを知っている人に対して、なされるものです。したがって、職場では、部下が上司に質問するのが一般的です。しかし、ここでいう質問は、上司から部下になされる質問のことをいいます。

コーチングでは上司から部下に質問をすることを奨励しています。

コーチングにおけるコミュニケーションの一面は、「質問形コミュニケーション」ということができるでしょう。

では、上司が部下に質問することに、どんな意味があるのでしょうか。

その最大の意味は部下に考えさせることです。

質問されると人は答えを出そうとして考えます。考えれば考えるほど、意識の深い部分での気づきが多くなり、問題解決に近づくことができます。そうすると、人は、より主体的になり、責任意識も向上してくるのです。

部下の主体性を引き出そうと思うなら、部下に質問をし、考える機会を与えることが効果的です。

また、上司に質問されることによって、「自分は信頼されている」「期待されている」と思えますから、部下の自己概念も上がります。質問は、質問される人に対する期待と信頼のメッセージでもあるのです。

私たちは、信頼する人や尊敬する相手に対しては自然と質問をするものです。効果的な質問は部下の主体性を引き出し、部下を成長させる強力な手法なのです。

●見せかけの質問は逆効果

質問が効果的だといっても質問のかたちをとった、見せかけの質問はここでいう質問ではありません。

たとえば、よく使われる、

「何回、言ったらわかるんだ？」

という言葉は、

「10回です」

という答えを求めているわけではないでしょう。

「何やってるんだ？」

「どうして、こうなったんだ？」

これらは質問のかたちはとっていますが、コーチングでいう質問では

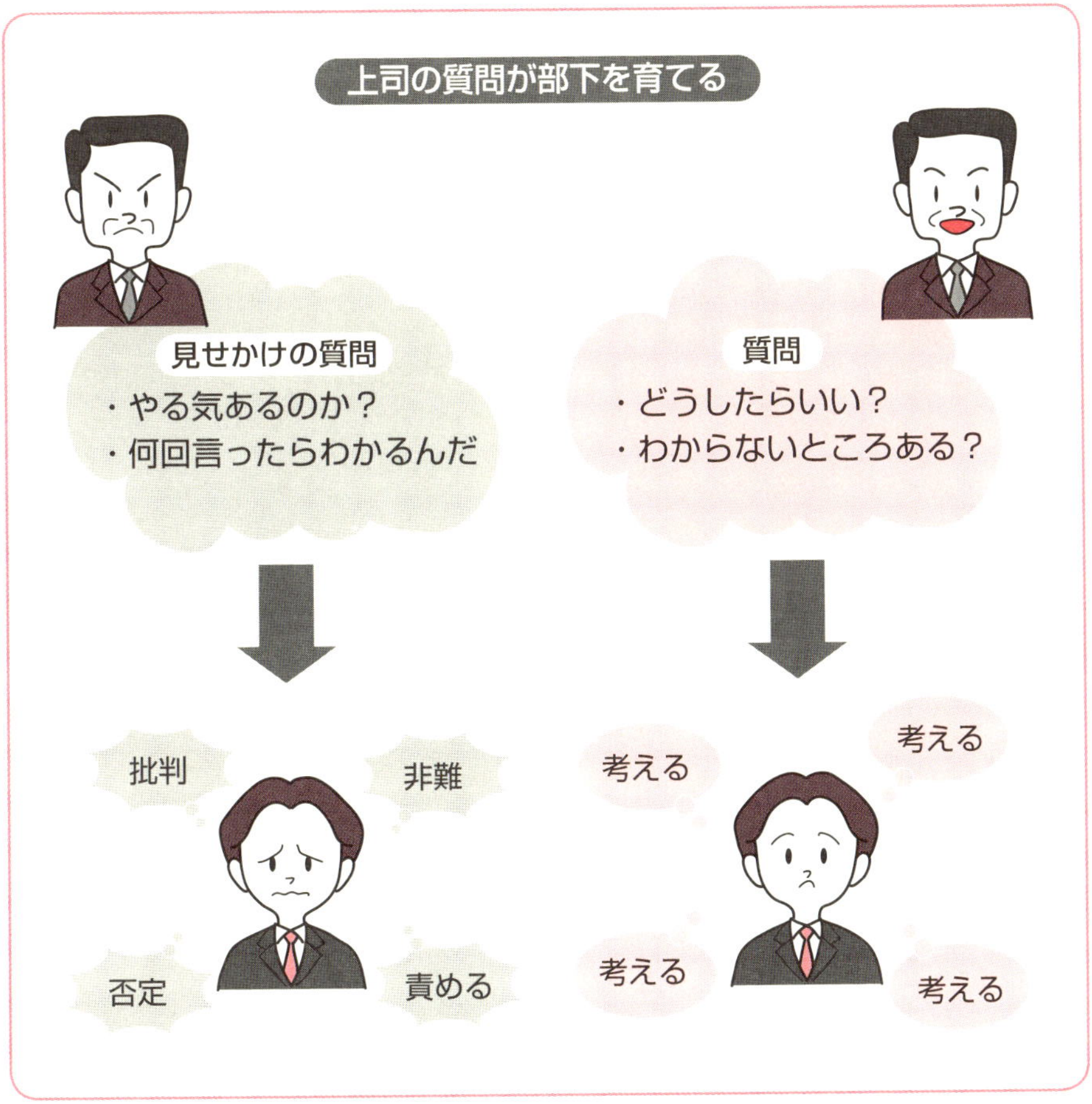
上司の質問が部下を育てる
見せかけの質問
・やる気あるのか？
・何回言ったらわかるんだ
質問
・どうしたらいい？
・わからないところある？
批判
非難
否定
責める
考える
考える
考える
考える

ありません。言い方によっては、単なる批判、非難、否定、詰問でしかないのです。

質問の目的は部下に考えさせることです。

したがって、あくまでも「部下のため」になされる質問でなければなりません。

上司自身の感情の発散は上司自身のためのものであり、コーチングでいう質問にはなり得ません。

適切な質問は、部下から、情報やアイデア、解決策、意欲、さらに部下の成長、主体性まで引き出すことができます。

上司は部下に質問をするとき、その目的と効果を、絶えず考える必要があります。

良い質問ができるように質問のレパートリーも増やしましょう。

28 部下の思考を深める適切な質問とは①

オープン・クエスチョンで考えを深める

質問のスキルは、いくつかに分類されます。代表的な例をあげてみましょう。

①クローズド・クエスチョンとオープン・クエスチョン

クローズド・クエスチョンとは、

「今朝は朝食を食べましたか?」

のように、相手に「YES/NO」を要求する質問です。

事実を確認するときや、早く答えを要求するときに使われます。

オープン・クエスチョンは、

「どうしたらもっとうまくいくと思いますか?」

というように、相手に自由に考えさせるための質問です。一般的には、5W1Hで始まる質問です。

この場合、答えの内容も多岐にわたります。

質問された側は、答えるプロセスのなかで、さまざまなことを考えることになります。

そのため、理解をより深めることになったり、それまで気づかなかったことに気づいたり、新しい発見をすることが可能になります。

●上司の質問に問題はないか?

たとえば、

「○○社の部長に会えたの?」

「○○社は、どうだったの?」

というふたつの質問は、一見、似ていますが、質問された部下の思考の深まりぐあいは、まったく違ってきます。

前者はただ、

「はい、会えました」

「いいえ、会えませんでした」

だけで終わってしまいます。

単なる事実の確認で、部下に考えるというプロセスはありません。

ところが、後者は「YES/NO」だけでは、会話は成立しません。

「部長に会えるはずでしたが、会えませんでした。何かあるのかもしれません」

こんな答えが返ってくるかもしれません。

この時点で、部下の意識はすでに表面的な事実から、「何かあるかもしれない」と考えるプロセスに入っています。

そこから、あなたが、

オープン・クエスチョンが部下の可能性を引き出す
限定質問
誰が（who）
どこで（where）
いつ（when）
拡大質問
何を（what）
なぜ（why）
どのように（How）
状況や事実を聞く
部下の思考を広げて
考えさせる

「どんなことが考えられるか？」

「部長に会い、提案できるためにはどんなことが必要か？」

とオープン・クエスチョンを重ねていくと、部下の思考は、どんどん深まっていきます。


この考えるプロセスから、気づきや発見が生まれます。

さらには深い部分での決意も生まれるのです。

もし、あなたが部下に対して、

「何を訊いても『はい』『いいえ』しか答えない」

「会話が続かない」

「何を考えているのかわからない」

「考えが浅い」

などと悩んでいるとしたら、その**原因は、部下ではなく、クローズド・クエスチョン中心の「あなたの問いかけ方」に問題がある**のかもしれません。

29 部下の思考を深める適切な質問とは②

〝人〟ではなく〝事〟にフォーカスする

つづいて「未来質問と過去質問」「肯定質問と否定質問」について解説しましょう。

②未来質問と過去質問

過去形の質問とは、

「それはどうだったの?」

「どうしてやらなかったの?」

などの質問をいいます。

未来形の質問とは、

「どうしたらうまくいくと思う?」

「どうしたい?」

などの質問です。

過去質問が記憶を引き出すのに対して、未来質問はこれからの可能性を引き出します。**未来質問で訊いてあげるほうが、部下の可能性を引き出すことができます。**

③肯定質問と否定質問

否定質問とは、

「どうしてうまくいかなかったの?」

「なぜ、やらなかったの?」

という質問で、過去の原因を探ることには向いていますが、これからの可能性には言及していません。

そこで、**肯定質問に置き換えると可能性を導き出すことができます。**

「どうしてうまくいかなかったの?」は「どうしたらうまくいくと思う?」とします。

「なぜ、やらなかったの?」は「どうしたらできたと思う?」とすることで、部下は、どうすればいいかについて、考えるきっかけを得られるのです。

過去質問と否定質問とを合わせたものは、過去の原因、理由などを探るのには有効な質問です。そこでは「なぜ」「どうして」が、よく使われます。

しかし、この質問を使いすぎるのは考えものです。

「今回のイベントうまくいきませんでした」

「なぜ?」

「お客さまが、集まりませんでした」

「なぜ?」

「お客様への告知が少し遅れていました」

「どうして?」

「プランニングがうまくできませんでした」

「どうして?」

詰問と質問の違い

詰　問 “人”にフォーカス	質　問 “事”にフォーカス
「どうして君は目標を達成できなかったんだ？」	「目標が未達成で終わった原因は何かな？」
「何で君はこんな問題を起こすのだ？」	「こういう問題が起きた原因は何だろう？」
「なぜ、君はいつも同じ失敗を繰り返すのだ？」	「体験から学ぶには何が必要なんだろうか？」
「どうして契約を取れなかったんだ？」	「成約を得るのに、どんな障害があったのかな？」

「ほかの仕事が詰まっていまして」
「それは言い訳だろう！」

これでは、質問ではなく「詰問」です。相手を責めて追い込むだけです。詰問されたほうは、「黙る」か「謝罪する」か「言い訳する」しかありません。

本当に原因を探りたいということであれば「人」と「事」を分ける必要があります。

すなわち「どうして、君はできなかったんだ?」ではなく「できなかった原因は何だろう?」と質問するのです。

「君は何でこんなミスをしたんだ?」ではなく、「ミスの原因は何だろう」と質問をします。

人を責めることなく「原因」を探求することができます。

適切な質問を、うまく使いこなしてください。

30 熟考させる時間をもつ

部下との会話で〝沈黙〟を恐れてはいけない

会話において「沈黙」は、ときとして気まずい雰囲気をつくることがあります。

以前、私は、部下にコーチングをするとき、部下に質問をし、部下が黙ってしまうと、その沈黙に耐えられず、「それは、こうすればいいと思うよ」と、自ら沈黙を破ってしまうことがありました。

あるとき、営業の女性マネジャーから、彼女の部下である男性社員がなかなか育たないので、どうしたらよいかという相談を受けました。

相談された瞬間、私のなかには答えが浮かびましたが、相談者である彼女に、こう質問してみたのです。

「彼のその個性を活かすにはどうすれば良いと思う？」

すると彼女は、「そうですねぇ……」と言ったきり、沈黙してしまいました。

私は、彼女が私に責められていると感じているのではないかと思い、すぐさま、「彼は、お客様にしっかりと提案はできるが、細かいところにミスがあるので、むしろアシスタントにサポートさせたほうが良いのではないか」と彼女に伝えました。

すると、彼女は私に「佐藤さん、少し考える時間をください」と言ったのです。

●熟考するプロセスが重要

長い沈黙がつづきました。

その沈黙を破って、彼女は次のように話しました。

「彼は攻めの営業が得意ですが、契約後のフォローが弱いままでは本物のコンサルタントにはなれません。しかし、アシスタントはつけません。フォローについて教育し直します」

それは、長い沈黙のあと、彼女が自ら下した判断でした。

私は、顔から火が出る思いでした。彼女の思考のプロセスを私自身が邪魔していたのです。

沈黙を恐れてはいけません。質問した以上は答えを待つべきです。

沈黙のあいだに、部下の意識のなかで何が起きているのでしょうか。

ひとつ考え、また考え、反芻して、さらに考え……という、このプロセスこそ、コーチングでつくりだしたい結果です。答えは部下自身のなか

質問した以上は部下の答えを待つのが上司の役割
「私が聞きたいのは……」
「具体的に言うと……」
「わかりにくかった？」
「ゆっくり考えていいよ」
考える時間をください
考え中
沈黙を恐れずに部下の考えがまとまるのを待つ

にあるというのは、こういうことなのです。

上司が部下に「質問」をするとき、上司の側には答えてほしい「正しい答え」があります。

上司「この案件について君はどう思う？」
部下「私は〜と思うのですが……」
上司「何を言っているんだ。これは〜しなければダメだ」

と「上司の答え」を押しつけてしまうことが多いのです。

しかし、質問によっては上司が予想もしなかったような答えが返ってくるからこそ、質問の意味があるのです。**部下が沈黙のなかで考えているプロセスこそが重要**なのです。

部下には「好きなだけ考えて。時間なら大丈夫だから」と言いましょう。この一言で、部下は安心して考えることができ、思考を深めることができるのです。

さまざまな会社でコーチング研修をしていますが、受講生に聞くと、コーチングスキルのなかで「質問」が、もっとも難しいということです。

ある大手製薬会社で管理職を対象にコーチング研修を行ないました。

2日間の基本研修と、3か月後に行なわれる1日のフォロー研修です。

フォロー研修では、3か月間、現場でコーチングを実践してみた結果を振り返ります。

そのフォロー研修のなかで、「質問」は難しいという意見が大半を占めました。

その理由は、次のようなものです。

①部下から「冷たくなった」と言われた

これまでは、部下が質問してくると必ず答えを教えていた。それがコーチング研修から戻ってからは、できるだけ質問をするようにしてみた。

部下「～さん、これどうしたらよろしいですか？」
上司「君は、どうするのがいいと思う？」
部下「いえ、わからないから質問しているんです」
上司「もう少し考えてから質問してくれ」
部下「………」

その部下から、「いままでは、すぐに答えを教えてくれたのに、研修から戻ったら冷たくなりましたね」と言われたというのです。

部下にしてみると、これまで、すぐに答えをくれていた上司が、いきなり質問で返してくるので冷たく感じたのでしょう。部下の気持ちもわかります。

この上司は、部下から質問されると、答えを与えるか、または正しい答えを与えようと考えてきました。部下に答えを与えるのが上司の仕事だと思っていたのでしょう。

質問されて、答えがわからないと、「明日まで待ってくれ。考えてみるから」と、まじめな彼は部下に、そう返事をし、部下思いの彼は、一生懸命考えます。しかし、その間、部下は何も考えず、上司の答えを待っているだけです。

その結果、彼の部下は、いつも彼に答えを求め、自ら考えることをやめてしまい、依存的な部下となってしまっていたのです。

上司はここで質問をすることをやめてはいけませ

COLUMN——コーチングの現場から

ん。ここでやめたら、元に戻ってしまいます。答えを待つ部下にしてしまったのは上司の責任です。

もし、どうしても気になるのなら、部下に、「君は自分で解決する力をもっているのだから、もう少し考えてみてほしい」と力づけてあげましょう。

②上司としての仕事をしていないように感じる

上司の仕事は部下を育てることです。その都度、答えを与えるのと、質問をして部下に考えさせるのと、どちらのほうが部下は育つか、答えは明らかです。

むしろ、部下に適切な質問をし、部下に考えさせることこそ上司の仕事なのです。

③答えを与えたほうが仕事はスピーディに進む

たしかに、すぐに答えを与えたほうが仕事は速く進みます。しかし、部下は育ちません。

部下が自分で考えず、いつも上司が答えを与え続けると、結果としてチーム力も育ちません。上司ばかりをあてにしていても、上司一人にできることには限界があります。結局、課題に対するスピーディな解決ができないチームになってしまうでしょう。

もちろん、緊急のクレーム処理、期限の迫った仕事など「緊急性」がある場合は、すぐに答えを与えなければならないということもあります。

④どのような質問が、良い質問なのかわからない

質問には「拡大質問」「肯定質問」「未来質問」など、さまざまな質問があります。また、質問のかたちをとった、見せかけの質問もあります。

小さな質問でもコミュニケーションの内容は変わります。

たとえば、いつもだったら、「あの案件、やったの？」と訊くところ「どんなふうにやっているの？」と訊くのです。

「期限に間に合う？」と訊くかわりに、「いつ、できそう？」と訊きます。

「うまくいっているの？」と訊くかわりに「一番の問題は何？」と訊きます。小さくても良いですから質問をつづけていきましょう。

どんな質問が部下を考えさせ、主体性を引き出せるのか、だんだんとわかってくるはずです。

31 仕事を具体的に前進させる会話術とは？

仕事を細分化するチャンクダウンのすすめ

部下と、たとえば、次のような会話をしていませんか。

上司「例のプロジェクトはどう？」
部下「まあまあです。」
上司「そう、頑張って」

さて、この質問をした上司の意図が何か、わかりますか。ただ、「まあまあ」であることを確認するだけだったのでしょうか。

もし、少しでも部下のプロジェクトがうまくいくようにアシストしたいというなら、ここで終わってはいけません。

「まあまあ」というのは、さまざまな要素をひとまとめにした「かたまり」として言っているにすぎません。

このかたまりを「チャンク」といいます。

「こんなものでしょう」「まずまずです」「いまいちです」……そういったところで終わってしまっては、何の前進もありません。

では、もしも部下が、「あまりうまくいっていないんです」と答え、それに対して上司が、「何やっているんだ。しっかりやれ！」と言い、そこで終わってしまったとしたらどうでしょう。

じつは、その会話からでは、解決策も、そのヒントも見出すことはできません。

このような会話で、上司としての仕事をしたつもりになっていたとしたら、上司失格です。

●かたまりを具体化する

大切なのは、大きなかたまりを細分化し、小さなかたまりにして、さらに具体化してあげることです。これを「チャンクダウン」といいます。**チャンクダウンによって、より具体的な気づきと具体的な行動が可能になる**のです。

「もっと、具体的に教えてくれないかな？」
「何が問題なの？」
「もっと良い方法は？」

とチャンクダウンすることによって、部下の思考もどんどん具体的になっていきます。

人の行動は、常に具体的な思考から生じます。たとえば、「どこかに行きたい」というだけでは具体的な

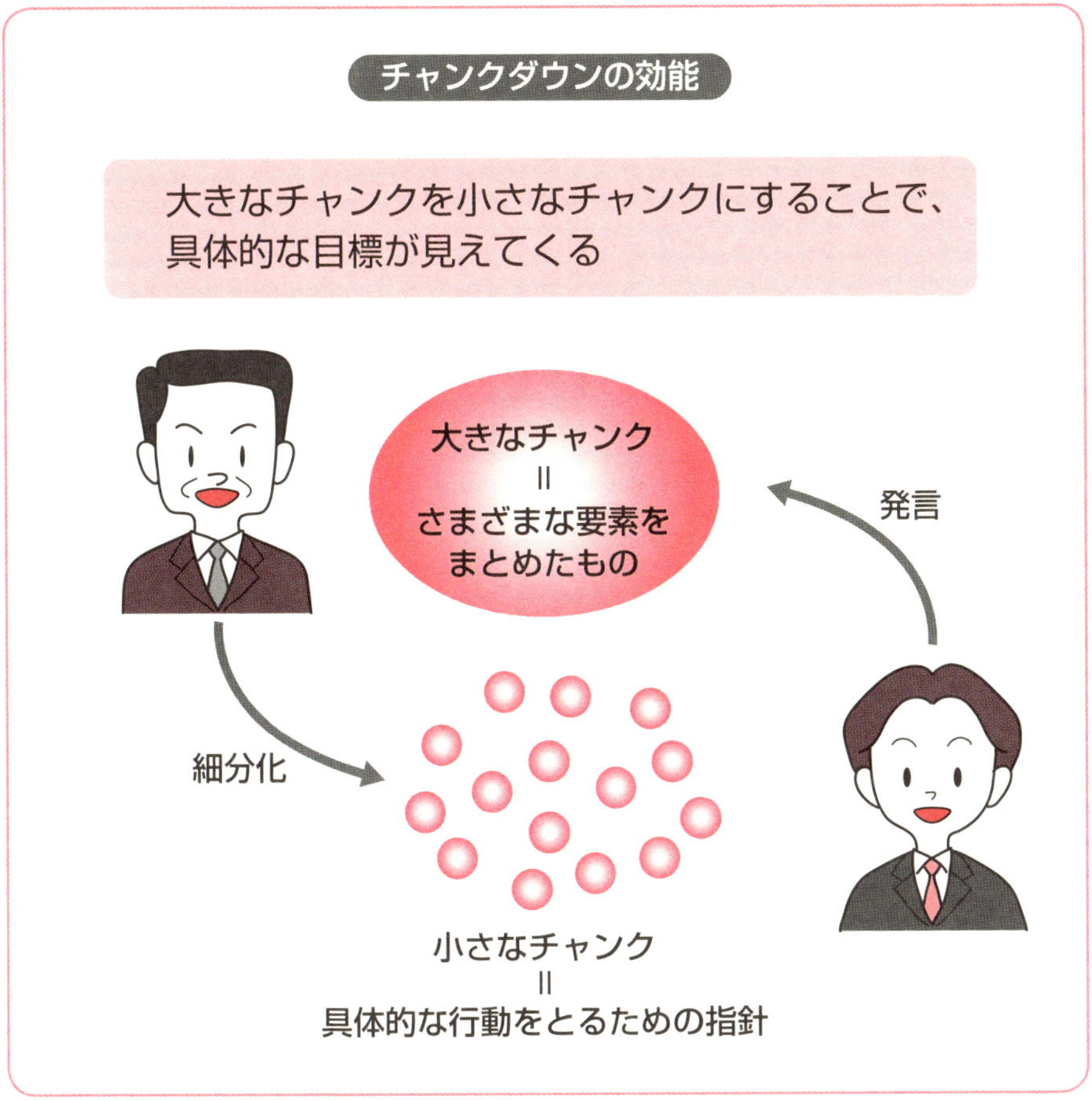
チャンクダウンの効能
大きなチャンクを小さなチャンクにすることで、
具体的な目標が見えてくる
大きなチャンク
＝
さまざまな要素を
まとめたもの
発言
細分化
小さなチャンク
＝
具体的な行動をとるための指針

行動はとれません。

「暖かいところ」「南の国」「ハワイ」とチャンクダウンされていくことによって初めて「行く」という行動をとることができるのです。

部下が「チャンク」で答えてきたら、質問によって細分化し、具体的な行動につながるまで「チャンクダウン」してあげましょう。

逆に、いくつかの小さなものを大きなかたまりにまとめあげることを「チャンクアップ」といいます。具体的な行動の意味づけ、目的、背景などを明確にするときに使います。

「君の言いたいことは、こういうことだね」「一言でまとめると、どういう状態が望ましいの？」「それらの背景は何？」とチャンクダウンすることによって、具体的な行動に落とし込んだあと、「チャンクアップ」してあげると、部下の行動が、より強化されます。

32 部下との会話に「なぜ?」を使ってはいけない!

代わりに「なに?」を使えば物事は前進する

「なぜ目標を達成できないんだ?」「なぜA社に先を越されたんだ?」「なぜうまくいかないんだ?」といったように、あなたは部下に「なぜ?」と質問していませんか?

多くの上司が、もっとも使う言葉のひとつが「なぜ?」です。

しかし、それで問題は解決できたのでしょうか。

部下を萎縮させるだけで、何の問題解決にもなってこなかったのではないでしょうか。

「なぜ?」と訊かれると、人はあまり良い気持ちがしません。私たちが「なぜ?」と訊かれたのは悪いことをしたときがほとんどです。

どうやら人は、「なぜ?」と訊かれると、責められていると感じたり、防衛体制に入ったり、言い訳を考えたりするようです。これでは「質問」ではなく「詰問」です。

そもそも**質問の目的は「責任追及」ではなく、「原因の究明」「未来に向かっての解決策の模索」**のはずです。部下を問い詰めたところで何も生まれません。

●「なぜ」は、なぜダメなのか?

「なぜ」と「なに」では、たった一文字の違いですが、そこから生まれる結果は、まったく違ったものになります。具体的にみてみましょう。

まずは「なぜ?」を前面に出した会話です。

上司「君は、今期の予算の70パーセントしか達成していないが『なぜ』だ?」

部下「値下げの要求が激しくて、うまく対応できないんです」

上司「『なぜ』対応できないんだ?」

部下「競合があまりに多くて大変なんです」

上司「そんなことは初めからわかっていることだ。とにかく達成してくれないと困るんだ」

この会話から何が生まれたでしょうか。

「未達成の原因」も、部下が「考える」ということも、解決のための方向性さえも生まれていません。

では、この会話を「なに」に置き

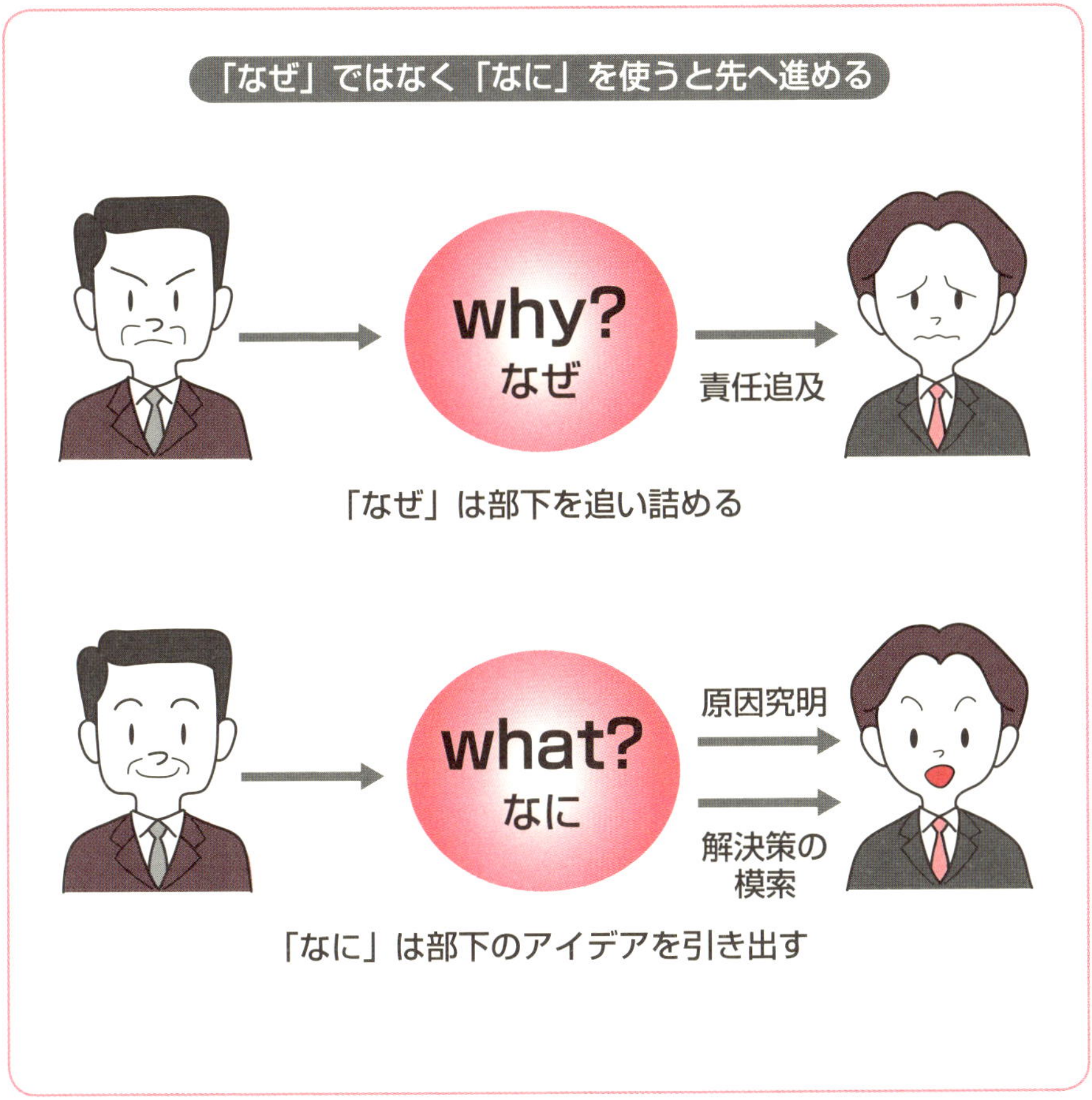
「なぜ」ではなく「なに」を使うと先へ進める
why?
なぜ
責任追及
「なぜ」は部下を追い詰める
what?
なに
原因究明
解決策の
模索
「なに」は部下のアイデアを引き出す

換えてみます。

上司「君は、今期予算の70パーセントしか達成していないが、『なに』が問題なの？」

部下「値下げの要求が激しくて、うまく対応できないんです」

上司「対応するためには『なに』が必要だと思う？」

部下「もっと、付加価値を上げて、お客様の満足度を上げていく必要があります」

上司「付加価値を上げるために『なに』ができる？」

部下「たとえば、使用マニュアルをカラーにして、見やすくするというのはどうでしょうか」

この会話では、原因の究明だけでなく、問題解決に向かって前進しています。

「なぜ」を使いたくなったとき、「なに」に置き換えてみることをおすすめします。

33

部下が動く理由、動かない理由

視点を相手に移せば動く理由がわかる

いつもあなたは、「上司である、あなたの視点」から部下をみています。では、「部下の視点」に立つと何が見えてくるでしょうか。

辣腕の課長がいました。

営業でダントツの成果を残し続け、その後、営業課長になり、3年が経ちました。しかし、チームの成果はいまひとつです。

とくに彼が気にしているのは、入社20年目のベテランのA係長です。

自分より、年齢も入社年次も10年先輩です。本来なら、課長になっていてもおかしくはないのですが、係長に留まっています。

A係長の営業成績は停滞気味。彼はまた、課長がいなくなると、その悪口を言うなど、営業課全体に良い影響を与えていません。

課長は何度か激しい口調でA係長に注意をしたことがあります。しかし、それは、ほかの社員が聞いていても「そこまで言わなくても」というほどの激しいものでした。

「いったい、何年やっているんですか？　私が気に入らなければ、いつ辞めてもらってもいいんです！」

A係長は「すいません」と言ったきり黙ってしまいます。

●黙ってしまった課長

あるとき、私はその課長に質問をしてみました。

私　「A係長にどうなってもらいたいの？」

課長「もっと成果を挙げて、私に協力的になってほしい」

私　「あなたのような言い方をすると、A係長はどんな気持ちだろう？」

課長「私もけっこう、抑えているんです……」

私　「あなたに協力したくなると思いますか？」

課長「仕事だから、しっかりやってもらわないと困るんです」

私　「自分よりも10歳も年下の上司から怒鳴られて、やる気が出ると思う？」

課長「……」

私　「あなたと一緒に仕事がしたくなると思う？」

課長「………」

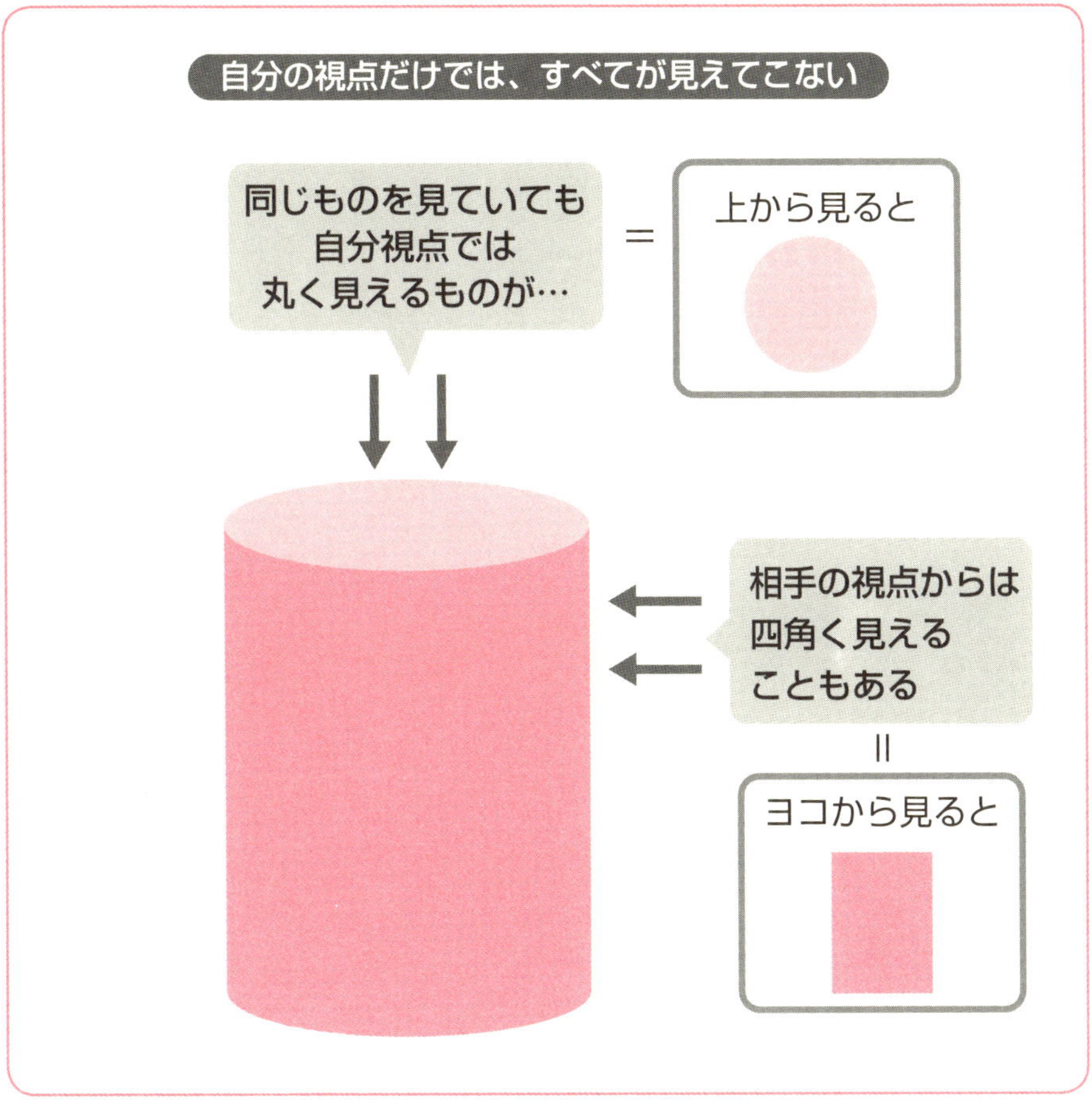
自分の視点だけでは、すべてが見えてこない
同じものを見ていても
自分視点では
丸く見えるものが…
＝
上から見ると
相手の視点からは
四角く見える
こともある
＝
ヨコから見ると

ほとんどの人が「自分の側」から、相手や周りを見ています。自分の立場、自分の考え方、自分の価値観で、他人を自分の都合の良いように動かそうとします。しかし、これでは人は動きません。

その人の動く理由、動かない理由というのは、その人自身のなかにあるからです。

人を動かすうえで大切なことは「相手の側から」見ることです。視点を「自分の側」から「相手の側」に移すのです。

そのためには、相手に関する質問を自分にすることです。

「将来、どうなりたいのだろう？」
「やりがいは何なのだろう？」
「日々、どんなことを考えているのだろう？」

視点を「相手の側」に移動していけば、どうしたら相手が動いてくれるのか見えてきます。

34

部下の視野を格段に広げる〝究極の質問〟の驚くべき効果

クリエイティビリティを引き出す秘策

「もし、今日じゅうに契約を取らないと、会社をクビになって、家族が路頭に迷うことになります。今日一日、あなたはどのような行動をとりますか？」と言われたら、あなたはどうしますか。

私たちは物事を考えるとき、自分の思考の枠のなかで考えます。その思考の枠は、たいてい、これまでの自分の経験でできあがっています。

「こういう結果をつくりたい」

と考えながらも、その思考のなかで、「これは無理」「やったことがない」「ここまでやらなくても」という声が聞こえてしまうのです。

この「思考の枠」にとらわれているうちは、予想もしないほどの素晴らしい結果をつくることは難しいでしょう。

では、どうしたら「思考の枠」を取り除けるのでしょうか。

●ドラマのような現場

私が担当するコーポレートコンサルティング部が、ある月の目標達成に向けて邁進していました。

しかし、月末の締め日まで、あと1日しかないという段階で、目標に数百万円ほど足りません。

「絶対に達成しよう！」

「あらゆることをやってみよう！」

と誓った彼らは、ふだんでは考えられない行動に出ました。

社員に商品購入のお願いをするだけではなく、彼らの家族、辞めた社員へも電話をかけまくったのです。

すでに契約が決まったお客様にも、再度、別の商品の購入の依頼をします。

リーダーは会社に泊まり込み。メーリングリストが真夜中までメンバーを駆け巡ります。まるで、ドラマを見ているようです。

「誰々が契約を取りました！」

「目標達成まであといくら！」

そして、見事に目標達成！

思考の枠を突破するためには、自分にも、部下にも「究極の質問」をしてみることです。ふだんではあり得ない状況を設定するのです。

「お客様から、『今日中に新商品の企画を出してくれたら、数千万円の契約になる』といわれたら？」

「思考の枠」から飛び出す方法

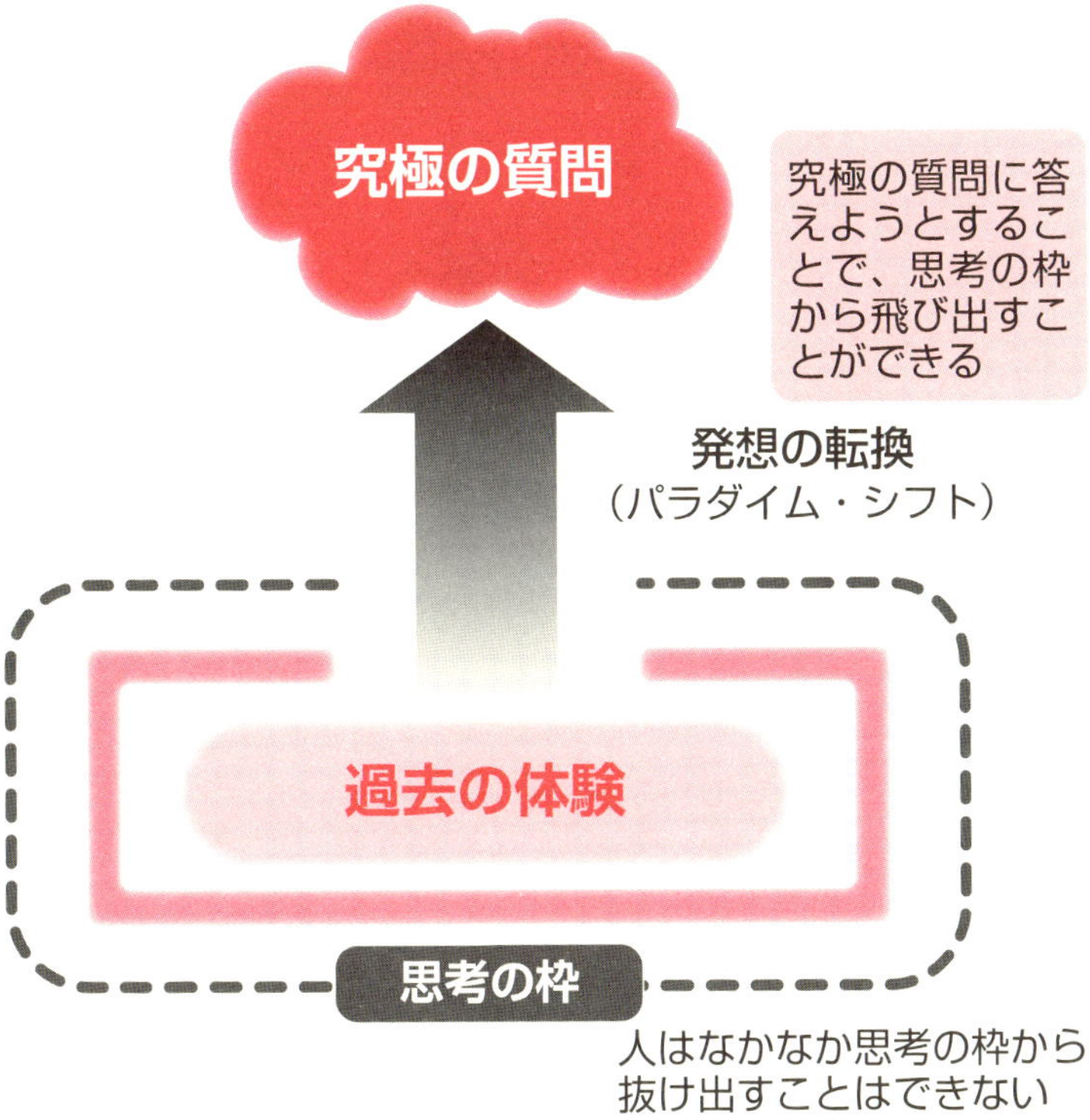
究極の質問
究極の質問に答えようとすることで、思考の枠から飛び出すことができる
発想の転換
（パラダイム・シフト）
過去の体験
思考の枠
人はなかなか思考の枠から抜け出すことはできない

「今日で、売れ筋商品が、まったく売れなくなるとしたら？」

　このような究極の質問は、過去の体験でつくられた「枠」の外に思考を連れて行ってくれます。

　そこから、これまで考えたこともないようなクリエイティビリティが引き出されるのです。

　このような質問を、自分にしてみると思考の枠を突破する訓練になります。

　私も、よく自分に質問をします。

「今日で人生が終わるとしたら、どのように過ごす？」

「今日じゅうに原稿を書き上げなければ、命がなくなるとしたら、どうする？」

「このプロジェクトを成功させなければ、家族が路頭に迷うとしたらどうする？」

　確実に、視野が広がり、行動の範囲も広がります。

35 指示・命令なしに部下を動かすには？

決定権を部下に移す「提案」のすすめ

管理職研修をしていると、

「部下が自ら動いてくれない」

「指示待ちの部下ばかりで困る」

といった声をよく聞きます。

私が、その管理職に、

「あなたは『部下に主体的に行動してほしい』とほんとうに思っていますか？」

と質問すると、ほぼ100パーセントといっていいほど、

「YES」

という答えが返ってきます。

さらに、

「あなたの部下は指示・命令で動きたいと思っているでしょうか？　そもそも自ら動きたいと思っているでしょうか？」

と訊いてみると、

「自主的に動きたいと思っているはずです」

という答えが返ってきます。

じつは、ここに「本当の答え」があります。

あなたが主体的に動いてほしいと思っている部下も、じつは、主体的に動きたいと思っているのです。

それにもかかわらず、「指示待ちが多い」というのは、どういうことでしょう。

もちろん、指示待ちになるのは、部下自身にも責任はあるでしょう。

しかし、「育成」という観点から見れば、部下を指示待ちにしている上司にも、大きな責任があるとは思いませんか？

しかも、ふだんから、部下の話を聞かない、あるいは部下の提案を否定してばかりいる……となれば、部下の姿勢がだんだんと受身になっていくのは当然です。

●部下に「提案」してみる

どうしても**指示・命令をしたくなったら、**

「〜したらどうだろうか」と提案型の言い方に置き換えていくことをおすすめします。

行動の決定権を部下に渡してしまうのです。

たとえば、

「最近、お客様のフォローに関してクレームが多いので、フォローに関する勉強会をやるように」

と上司から言われれば、たしかに

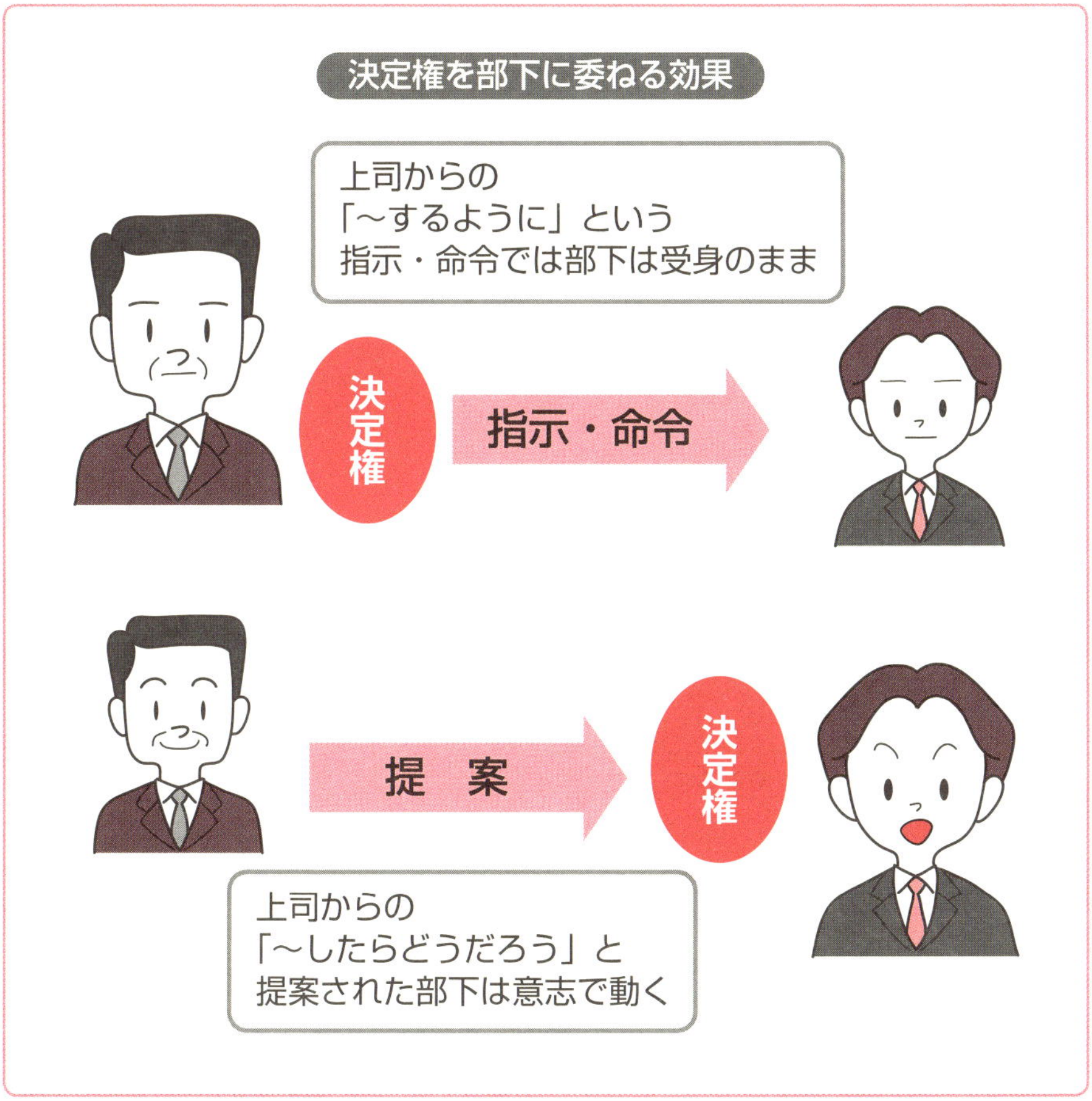
決定権を部下に委ねる効果
上司からの
「～するように」という
指示・命令では部下は受身のまま
決定権
指示・命令
提　案
決定権
上司からの
「～したらどうだろう」と
提案された部下は意志で動く

部下は勉強会をするかもしれませんが、勉強会をするかどうかの決定権が上司にある以上、部下にとって自主的なものではなく、おざなりの勉強会になりそうです。

　しかし、

「最近、お客様のフォローに関してクレームが多いので、一度、勉強会を開いてみたらどうだろう」

　このように言われると、どのようにしたらクレームがなくなるかを本気になって考え、勉強会にとどまらず、より良いアイデアが出るかもしれません。

　また、勉強会をするにしても、どのような勉強会にすれば効果的かということも考えるでしょう。

　このように「提案」は部下に決定権を渡し、部下の自主性を尊重しながら、ひとつの視点を提供し、部下に考える機会を提供するのです。

コーチングこぼれ話③

●解決に導くDiSC理論

　ある管理職は、第8章で詳しく説明する「DiSCパターン」の〝D〟がの高い人です。いつも、結論を求めます。

「要は何が言いたいんだ?」「詳しいことはいらない」「結論は?」「君はどうしたいんだ?」「すぐ始めてくれ」

　プロセスは重視しません。彼にとって、すぐ結果を出す部下が優秀で、なんだかんだという部下は、無能と映ります。

　彼の課題は、部下を育てることです。部下に任せることができないのです。彼の前では、部下は萎縮し、思う存分、力を発揮することができません。

　私は彼に「DiSC」を学んでもらいました。

　人が皆、あなたとは同じではないこと。人にはそれぞれにその人なりの持ち味があること。自分との違いを否定するのではなく、受け入れること。違いは単なる「違い」であって「間違い」ではないこと。部下の主体性を引き出すためには、違いを受け入れ、それを認める必要があること。あなたと違うタイプの人が、じつは、あなたにとって最大の協力者になり得ること……。

　数か月たって、彼から報告がありました。

　ずっと辞めたいと言っていた部下が「この部署で頑張ります」と言ってくれたというのです。職場も明るくなり、部下のやる気に良い変化が出てきたという話に私もホッとしました。

第6章

厳しい叱責よりも
ほめることが部下を成長させる

CaseStudy 06

テーマ 追い込む質問をする上司

こんな間違った部下指導をしていませんか？

悪い例

上司「この前のA社でのプレゼンうまくいかなくて残念だったね」
部下「精一杯やったんですけど、すみません」
上司「誰だって精一杯やってるんだよ」
部下「ええ」
上司「何がまずかったんだ？」
部下「ポイントが絞りきれていませんでした」
上司「だから、いつも言っているじゃないか。ポイントを絞れって。それから？」
部下「価格帯が少し合わなかったんです」
上司「それを事前につかんでおくのが営業だろう。そんなこともしていなかったのか」

なぜいけないか

❖部下の言っていることを、ことごとく否定的に捉え、結局「できなかった理由」だけを言わせている。部下を追い込んでいるうえに、何の改善策も生まれていない。

良い例

上司「この前のA社でのプレゼンうまくいかなくて残念だったね」
部下「精一杯やったんですけど、すみません」
上司「今回の失敗から学べることは何かな？」
部下「もっとポイントを絞るべきでした」
上司「どうしたら、ポイントを絞ることができたのかな？」
部下「事前のヒヤリングをもっと徹底するべきでした。それに、業界の最近の動向をもっと企画に反映させるべきでした」
上司「君なら、今度は大丈夫だ。良い勉強をしたじゃないか」
部下「次こそ、絶対に取ります」

なぜ、良いか

◉どうしたらうまくいくかに焦点が当てられ、「君なら」との期待感が述べられている。「良い勉強をした」と失敗を肯定的に捉え、「大丈夫」と力強く励ましている。

◀◀◀部下を育てる指導については本文で◀◀◀

36 部下を「承認」するのは3つの観点から

「存在」「変化」「成果」で部下を認める

承認（アクノリッジメント）とは、相手の存在および価値を認めることをいいます。すなわち、その人の存在自体を認める、言動を認める、強みや長所だけでなく短所も認める、その能力や個性を認める、成長や成果を認めるということです。

人は力の欲求（＝認められたい）と愛と所属の欲求（＝誰かとつながっていたい）とをもっています。

誰もが、「認めてもらいたい」「受け容れてもらいたい」「ほめてもらいたい」のです。

会社であれば、部下は上司に認めてもらいたいのです。

もし、あなたが部下をまったく認めなかったらどうでしょうか。

無視する、声もかけない、ほめもしなければ、叱りもしない、仕事を任せない、感謝もしない……といったことになれば、部下の欲求は満たされません。それどころか、部下は心理的な苦痛を感じ、自己概念を著しく下げてしまうことでしょう。

もちろん、部下の人格や尊厳を傷つける言動は、パワーハラスメント（Power harassment）になりかねません。そうなれば、上司として失格です。

●上司の役割は「承認」すること

上司も部下も人間的な価値の差は、まったくありません。役割の違いがあるだけです。

上司の役割は部下を育てることであり、部下の役割は上司の力を借りて成果をつくることです。

上司は部下の存在や価値を認め、部下のやる気を引き出し、少しでも良い仕事ができるようにしなければならないのです。

承認は3つの観点から考えられます。「存在の承認」「変化の承認」「成果の承認」です。

「存在の承認」は、その人の存在そのものを承認するもので、具体的には、挨拶は上司からする、頻繁に声かけをする、感謝を伝える、仕事を任せる、部下に関心をもつ、部下の話に耳を傾ける、相談にのる、部下をほめるなどが、これにあたります。

管理職のなかには、挨拶は部下からするもの、感謝は部下が上司にするものという人もいます。それも間

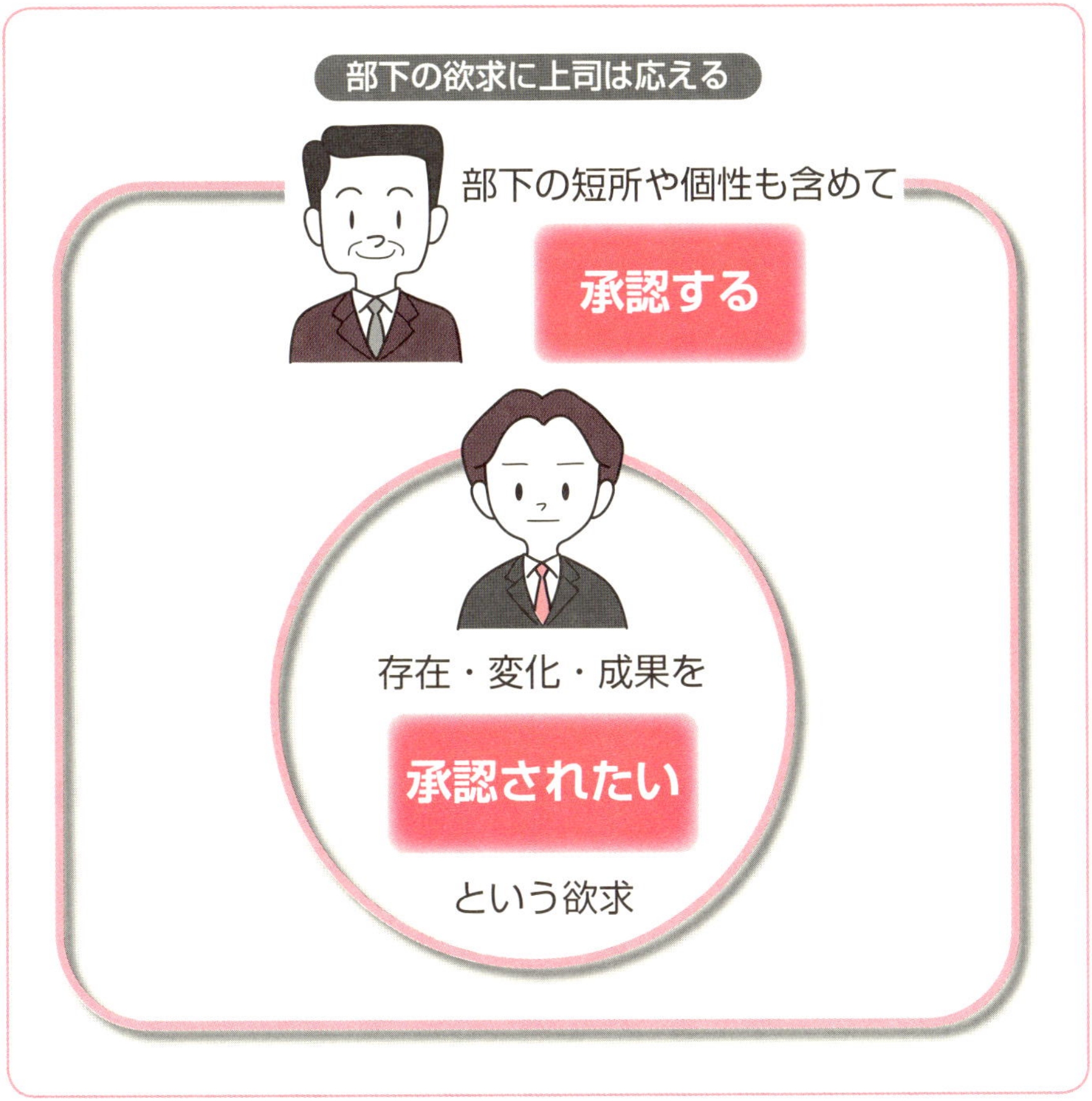
部下の欲求に上司は応える
部下の短所や個性も含めて
承認する
存在・変化・成果を
承認されたい
という欲求

違いではありません。しかし、上司は部下に挨拶をしなくてもよい、感謝する必要はないというのは間違いです。

次に「変化の承認」です。

これは、部下をよく観察していることが必要です。

ちょっとした表情の変化や行動の変化、まだ最終的な成果につながっていなくても、プロセスで頑張ったことなどを承認するのがこれにあたります。

ここでは、上司目線ではなく部下目線に立つことが重要です。そうでなければ部下の小さな変化を見落としてしまうでしょう。

最後に「成果の承認」です。

成果の承認は難しくありません。具体的な成果は、たとえば「数字」のように見えやすいからです。

37

ほめられれば嬉しいのに、なぜ部下をほめないのか

自信をもった部下は、さらに能力を発揮する

管理職研修で、

「あなたは、ほめられると嬉しくて、やる気が出ますか?」

と訊き、挙手を求めると、ほとんどの人の手が挙がります。

「それでは、先週、具体的に部下をほめた人は?」

と訊くと、3分の1に減ってしまいます。

自分がされて嬉しいことを、なぜ部下にしないのでしょうか。

管理職の多くが「ほめる」ということと「お世辞をいう」あるいは「おだてる」ということとを混同しています。

私は、ほめることができない管理職の根底には、減点主義に対する崇拝があるように思います。

「人は短所や欠点を指摘し、厳しく鍛えるほうが育つ」

「甘い顔などしていられない」

という考え方です。

欠けている点を厳しく指摘することは、なんとなく人を育てているような気分になるものです。上司としては、自己満足にひたることができるのかもしれません。

●部下の内部で何かが起きている

しかし、「育てる」という観点からいえば、部下の意識のなかで何が起きているかということがポイントです。

いくら上司が欠けている点を指摘したとしても、部下の意識のなかで、「よし、やろう」という前向きな動機づけがなされていなければ意味がありません。

「厳しくやっているんだけれど、部下が、なかなか育ってくれない」

という管理職は、**部下に「気持ちの萎縮」や「失敗に対する不安や恐れ」をもたらしている危険のほうが大きい**といわざるを得ません。

『1分間マネジャー』シリーズで有名な、ケン・ブランチャード博士は、その著書のなかで、

「部下が100パーセント正しいことを行なわなくても、おおむね正しいことを行なえば、それを認めることを心がけなければならない。100パーセント正しい行動とは、おおむね正しい一連の行動の積み重ねで

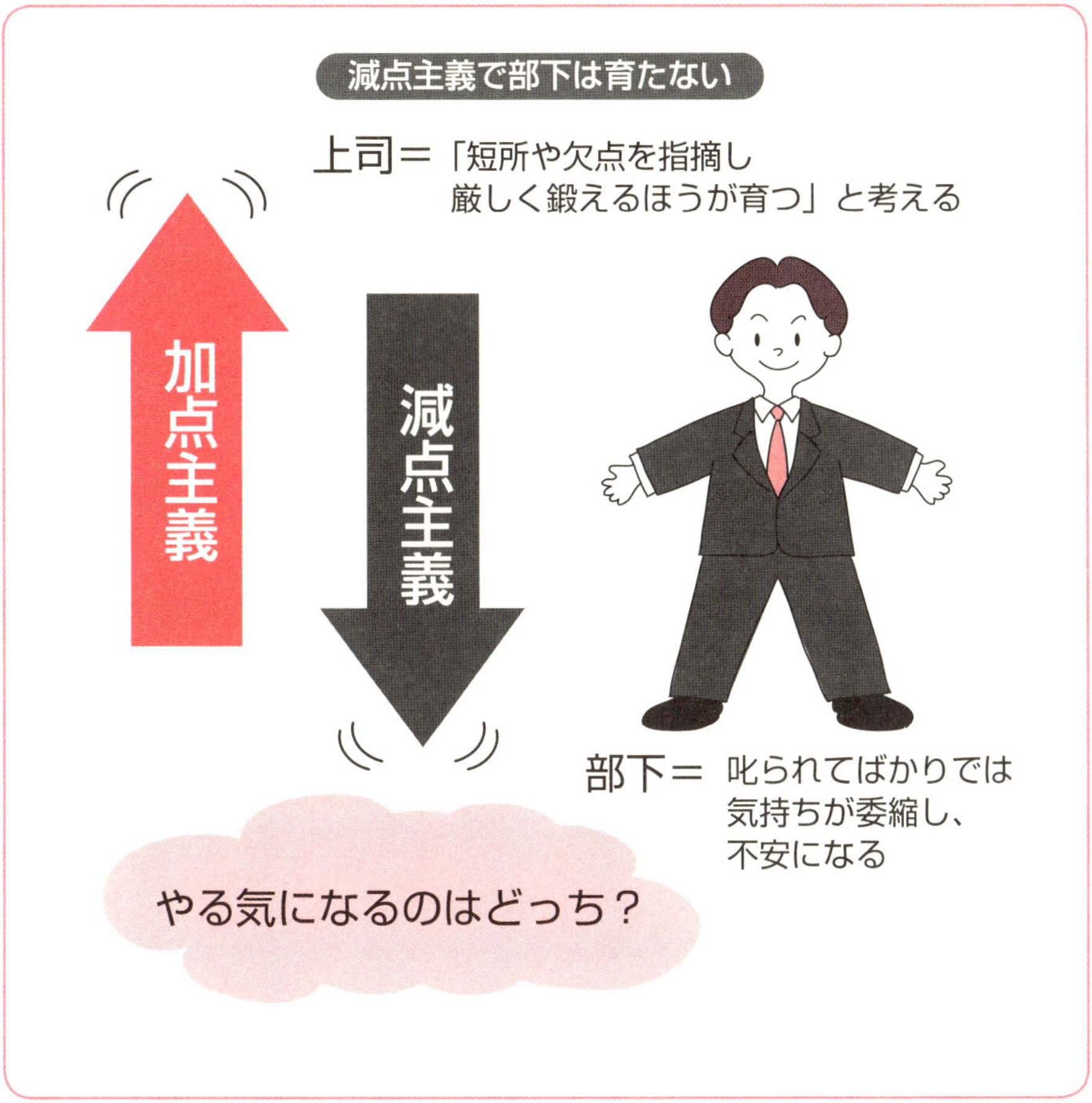
減点主義で部下は育たない
上司＝「短所や欠点を指摘し
厳しく鍛えるほうが育つ」と考える
加点主義
減点主義
部下＝ 叱られてばかりでは
気持ちが委縮し、
不安になる
やる気になるのはどっち？

ある」

と述べています。

また、女子マラソンの有森裕子や高橋尚子といった、オリンピックでメダルを獲得するほどのアスリートたちを育てた「ほめて育てる」ことで有名な小出義雄氏は、その著書『育成力』のなかで次のように述べています。

「能力を発揮させるには、自信を持たせることが大事になる。自信を持たせるためには、先生とか親、そして指導者などが上手にホメることに尽きる。」

さて、ここで、あなたの部下を思い出してみてください。

たくさんの長所や頑張っているところがあるはずです。

「上司は部下を、まず、ほめること」から実行してみてください。

38

こんな「ほめ方」が部下のやる気を削ぐ①

結果だけしか関心をもたない上司

あなたが、ほめているつもりでも、部下はやる気を削がれているということはありませんか。

コーチングにおいて「ほめる」というのは、

「どのような行動や考え方が良かったのかを指摘して、それらを継続ないしは拡張させていくためのコミュニケーション」

ということです。

その人の存在そのものよりも、その人の具体的な行動や発言、あるいは考え方を取り上げ、それらを認めることをいいます。

ほめることは良い「行動」や、良い「考え方」をさらに推し進め、強化していくために、きわめて有効なものです。

ところが、「ほめる」ことが、部下指導にとって大切なスキルであるにもかかわらず、多くの管理職は概して苦手です。

しかし、自分がどうされたら嬉しくなり、やる気に火がつくのかを考えれば、そう難しいことではないはずです。

ここでは、上司はほめているつもりでも、部下から見ると、むしろ、やる気が削がれてしまう例をいくつか紹介します。

①プロセスが結果を左右する

上司にとって大切なのは「観察力」です。

とくに、「良い行動」は注意深く観察していないと見逃してしまいがちです。

ここで大切なことは、自分だけの「基準」で部下を見ないということです。

たとえば、営業の仕事には、さまざまなステップがあります。

まず、アポイントをとり、クライアントを訪問し、相手の要望を聞き、企画書を作成します。

その後、再度訪問し、プレゼンをします。

その間には、さまざまなやりとりを経て、うまくいけば成約となり、さらに、さまざまなフォローが求められるものです。

こうしたプロセスを上司が観察しているかどうかがポイントです。

よくある話として、上司が成約と

「ほめる」と「叱る」はこれだけ違う

ほめる	叱る
どのような「行動」や「考え方」が**良かった**のかを指摘して、それらを**継続ないし拡張**させていくためのコミュニケーション	どのような「行動」や「考え方」が**悪かった**のかを指摘して、それらを**止めさせる、または変更**させるためのコミュニケーション

POINT	POINT
具体的であること	話し合う感覚
プロセスを重視すること	言い分を聞く
感情を込める	感情的にならない
人前でも OK	人前は NG
直ちにほめる	最後にはげます

いう結果にしか関心がなければ、たとえ部下が、それまで、さまざまなチャレンジをしていても、そのプロセスは上司には見えません。

つまり、上司の基準に達しなければほめないというのであれば、部下は長いあいだ頑張っていたとしても、なかなかほめられることがありません。

しかし、良い結果は良いプロセスから生まれます。

上司は、部下のプロセスをよく観察し、部下の立場に立って、

「チャレンジした」

「頑張った」

というところをほめなければならないのです。

「ほめ方」について、次のページでも話をつづけます。

39 こんな「ほめ方」が部下のやる気を削ぐ②

時間が経ってから／併せて何かを命じる／「しかし」を加える……はNG

「ほめ方」についての話を進めましょう。

②時間が経ってからでは遅い

あとでほめようとか、場合によっては、もう少しほめることがたまってから、まとめてほめようというのはいけません。

あまり時間が経ってしまうと、ほめるほうも忘れてしまうし、ほめられたほうも

「何のことですか?」

と何がほめられたのか、わからなくなり、白けてしまいます。

「ほめる」目的は部下のやる気を引き出し、「良い行動」「良い考え方」を強化させることです。

「何を、どの行動を」強化してほしいのか、部下の体験が新鮮なうちに、ほめることです。

③ほめることを道具にしない

よく見かけるのが、ほめることを話の枕にしておいて、そのあとで何かを命ずることです。

たとえば、

「よく頑張ってくれた。では、次にこれをやってくれ」

といったぐあいです。

これでは、新しいことをさせるために、ほめるということを手段に使っているようなものです。

これがつづくと部下は、**ほめられても、「また、何か、やらされるのではないか」という警戒感をもつことになります。**

④「しかし」を加えては台無し

ほめたあと、「しかし」を付け加えることもいけません。

ほめることと問題点の指摘はまったく別の話で、一度に話すことではありません。

「忙しいのに、この企画をよくまとめてくれたね。感謝しているよ。しかし、リサーチのやり方に、まだまだ問題がある。ツメが甘い……」

といったことがつづくと、部下は、ほめられても、緊張したり身構えたりしてしまいます。

「ほめるときには、ただほめる」だけでよいのです。

もし問題点があっても、それは別な機会に指摘しましょう。

良く観察すること

★ほめるリストを作りましょう

部下	その部下の 長所・持ち味	最近の具体的な行動・成長 （　月　日）
○○さん		
○○さん		
○○さん		

●あなたは具体的に、誰を、いつ、どのようなことでほめましたか

上司は部下を観察し、
気づいたことはすぐにほめる。

部下をどう承認すればいいのか――部課長の悩み相談室

私はこれまで約30年にわたって、多くの会社で研修講演を行なってきました。現在も、毎月20日程度は研修講演を行なっています。その私にとって忘れられない体験があります。今、思い起こしても心が熱くなる嬉しい体験です。

●上司の言葉が部下を励ます

私が初めて一人で管理職研修を担当したのは今から25年前、35歳のときです。当時、私が勤務していた大手研修コンサルタント会社の法人事業部の部長をしていた韮原光雄氏より「やってください」と任されたのです。当時の東京郵政局の管理職研修でした。

東京郵政局は会社にとって大口取引先でしたので、駆出しの私に任せるのは大きなリスクだったはずです。しかし、韮原氏はそのことにはまったく触れず、「情熱をもって楽しんでやれば大丈夫。責任は私がとります」と、私を励まし、送り出してくれたのです。

●色褪せない感動

前日はよく眠れませんでした。参加者が途中で帰ってしまう夢も見ました。何度も何度も研修の内容を確認しました。

研修当日、人事の方に紹介されて、参加者の前に立ったとき、喉がカラカラに渇いていました。参加者は30名。私よりも年上の40代、50代の管理職の人たちです。

第一声の「おはようございます」の声が、自分でもビックリするくらい大きかったのを憶えています。無我夢中の3日間でした。

質問に答えられないときもありました。1日目の終了時間は大幅にオーバーしてしまいました。結果がとても心配でした。しかし、研修終了後、韮原氏は私を心からほめてくれたのです。

「とても良い結果でしたよ。参加者の皆さんも人事の方も、たいへん喜んでいます。自信をもってください。これからもどんどんお願いします」

そのときの嬉しさ、感動の気持ちは、25年が経った今も、はっきりと記憶にあります。

この嬉しさがバネとなって、私は人材育成、能力開発の仕事に本格的に入っていくことができたのです。

●上司は心理的報酬を自由に出せる

管理職研修のなかで、「あなたは上司から、何と言

COLUMN——コーチングの現場から

われると、嬉しくて頑張ろうと思いますか?」とよく訊きます。いろいろな意見が出ますが、もっとも多いのは次のようなものです。

「あなたしかいない」「あなたに任せます」「信頼しています」「よくやってくれました」「ありがとう」

一方、「上司から何と言われたとき、やる気がなくなりましたか?」と訊くと次のようなものになります。

「期待なんかしていない」「できて当たり前だ」「いい気になるなよ」「やっぱり駄目だな」

人は給料や地位が上がると、やる気が出ます。これは「経済的報酬」です。しかし、一般に上司が独自の判断で「経済的報酬」が出せるわけではありません。

ところが、「心理的報酬」は上司が自由に出せるのです。

「心理的報酬」とは「ほめる」「感謝する」「一緒に喜ぶ」なのです。

部下の行動をよく観察して、よくやっているところがあれば、ほめてあげましょう。たとえ、ほめるまではいかなくても「頑張ってくれてありがとう」「時間をとってくれてありがとう」と感謝の言葉をかけることが大切です。

●人はほめて育てる

こんな例もありました。

山本くんという入社3年目の社員がいました。彼の仕事は営業でしたが、なかなか成果が出ずに苦しんでいました。その彼が、苦労に苦労を重ねた末に、やっとある会社の新入社員の研修を受注してきました。

彼が外出先から戻ったとき、そこにいた彼の上司、同僚らが集まって「おめでとう」「おめでとう」と八イタッチを始めたのです。まるでお祭り騒ぎです。

みんな、山本くんがコツコツと頑張っていたことを知っていたのです。山本君の喜びは営業部全員の喜びだったのです。そのようすを見ていた私も、思わず八イタッチに加わりました。

その後、山本くんは大きな受注を続け、立派な営業社員へと成長していきました。

私はさまざまな経験から、多くの上司は承認の仕方、ほめることの大切さをもっともっと学ぶ必要があると思っています。部下がやる気になり、またチームの雰囲気も良くなることは、上司のあなたにとっても嬉しいことのはずです。

40 言われた部下の嬉しさが倍加する「ほめ方」とは①

「YOUメッセージ」ではなく「Iメッセージ」を

同じほめ言葉にしても、言い方ひとつで受け手の印象は大きく違ってきます。

ほめるのなら、言われた部下の嬉しさが倍加するほめ方をしたいものです。

じつは、ほめるときに、何を主語にするかによって、部下に対する伝わり方が違います。

それぞれの違いを理解し、使い分けることが大切です。

代表的なものとして、①上司の評価が伝わる「あなたメッセージ」、②部下の喜びが深い「私メッセージ」、③部下の喜びが倍加する「私たちメッセージ」があります。

順に説明していきましょう。

①あなたメッセージ

「君の挨拶は声が大きくていいね」

「あなたの企画書はなかなか良くできていたよ」

「君は今回の件では頑張ったね」

こういった、主語が「あなた」や「君」すなわち「YOU」であるほめ方は、「あなたメッセージ」と呼ばれるもので、日常的に、もっとも多く使われるものです。

ほめられた部下は、もちろん嬉しいに違いありませんが、「あなたメッセージ」は受け手に対する評価の側面があります。

そのため、場合によっては、ほめられたほうが、

「いいえ……、そんなことはありません」

と言いたくなるようなこともあり得ます。

部下が素直に受け取ってくれないというのは、たいていの場合、「あなたメッセージ」です。

また、「あなたメッセージ」は、部下がどうであるかについては伝わっていますが、そのことによって上司がどう感じたのかについては伝わっていません。

②私メッセージ

たとえば、

「私はあなたに、心から感謝しています」

「君のレポートには私も考えさせられたよ」

「素晴らしい成果だね。私はとても

Youメッセージと I メッセージの比較

▶ You メッセージ

受け取られ方	リスク	伝え手の気持ち	インパクト（嬉しさ）
評価	受けとりづらい	伝わらない	弱い

▶ I メッセージ

受け取られ方	リスク	伝え手の気持ち	インパクト（嬉しさ）
情報	ない	伝わる	強い

例

「ありがとう」　「私は嬉しい」
「あなたのおかげです」
「成功しました！」　「私も頑張ります」
「あなたから勇気をもらいました」

嬉しいよ」

といったような伝え方を「私メッセージ」といいます。主語は「I」すなわち「上司自身」です。

このほめ方は、非常に強いメッセージ性をもっています。

なぜなら、部下の行動そのものに対する評価だけではなく、そのことによって、上司である自分がどういう影響を受けたのかを事実として伝えているからです。

部下にすれば、自分がとった行動の上司への影響力を知ることができるだけではありません。

上司とのあいだに強い共感をつくりだすことができますから、**部下の嬉しさは、より大きくなります。**

次のページでは、「あなたと私」とがひとつになった「私たちメッセージ」について解説します。

41 言われた部下の嬉しさが倍加する「ほめ方」とは②

「Iメッセージ」よりもさらに強い「WEメッセージ」

つづいて、「私たちメッセージ」について説明しましょう。

③私たちメッセージ

これは「私メッセージ」をさらに進めたもので、「WE」を主語にしています。

たとえば、

「あなたのおかげで、私たちはとても助かっています」

「あなたのおかげで、このチームが目標を達成できたのだと、みんなが思っています」

といったものです。

部下は自分の行動の影響力の拡大を知るだけではなく、チームに対する貢献を知ることができます。

これまでに説明してきた「人間の5つの欲求」の観点からみても、部下の「力の欲求」あるいは「愛と所属の欲求」が、かぎりなく満たされることは充分におわかりいただけるでしょう。

ここで、私のちょっとした経験をお話しします。

私の尊敬する、ある営業教育コンサルタント会社の社長さんと食事をしたときのことです。

その社の幹部の人たち数人も一緒でした。

その社長さんは私に、幹部の方を紹介するとき、はっきりとこう言ったのです。

「私の誇りにする人たちです。私は彼らを心から尊敬しています」

幹部の人たちは、仕事が終わったあとで、その場に駆けつけてくれたということで、午後10時をまわっていました。

そんな時間帯にもかかわらず、彼らの顔は活き活きとしており、溌剌としています。

社長さんと、幹部の人たちとの間の強い共感と連帯を見た思いで、深い感銘を受けたものです。

「最高のほめ言葉」に正解はありません。その方法論があるだけです。

「あなたメッセージ」「私メッセージ」「私たちメッセージ」を上手に使い分けて、コーチングとコミュニケーションに役立てて下さい。

ほめ上手になるための7ヶ条

第1条 ふだんから部下をよく観察する

第2条 部下の「良い行動」に目を向ける

第3条 その場ですぐほめる

第4条 We メッセージでほめる

第5条 「ほめるリスト」に記入しておく

第6条 家族に対しても、ほめる練習をする

第7条 自分をほめてみる

第7章

仕事の醍醐味とは理想と現実のギャップを埋めること

CaseStudy 07

こんな間違った部下指導をしていませんか？

テーマ

他責にする部下

悪い例

上司「S社の企画書、まだ、できあがっていないんだって」
部下「ええ」
上司「どうして。ちょっと時間がかかりすぎないか？　タイミングを逸してしまうぞ」
部下「部長が方針を決めてくれないんです。それに……」
上司「それに？」
部下「初めての案件で、どのように作りこんだら良いのか、誰も教えてくれないんです」
上司「そう」
部下「ほかの仕事もかかえていて、これに時間がなかなかとれないんですよ」
上司「………」

なぜいけないか

❖「部長が方針を決めてくれない」「誰も教えてくれない」などと、すべて他責にしている。「他責」にするのは「私は無力、何もしなくて良い」と言っているのと同じだが、それに対して上司は他責にしている部下を「自責」に導いていない。そのため、事態はまったく改善されない。

良い例

上司「S社の企画書、まだ、できあがっていないんだって？」
部下「ええ」
上司「どうして。いつまで時間がかかっているの。タイミングを逃してしまうぞ」
部下「部長が方針を決めてくれないんです」
上司「部長に急いでくれるように頼んだのか？　誰も教えてくれないって言うけど、自分でどれだけ勉強したんだ？　忙しいのはわかるけど、時間を作ろうとしているのか？」
部下「……………」
上司「企画書は今月中にどうしてもあげてほしい最優先課題だ。そのために何ができる？」
部下「部長に時間をとっていただきます」
上司「よし、そこから始めてくれ。君を信じているぞ」
部下「はい」

なぜ、良いか

◉「そのために何ができるか？」と部下を自分の責任でできることに導いている。具体的な行動を引き出しているとともに、「君を信じている」と未来に向かって部下を力づけている。

◀◀◀ 部下を育てる指導については本文で ◀◀◀

42 コーチングは6つのプロセスを経て達成される

GROWモデルにもとづいた目標達成手段

元プロのカーレーサーで、ル・マンでの優勝経験をもち、その後、英国でビジネスにスポーツコーチングを導入し、高い評価を得たジョン・ウイットモアが用いた「GROWモデル」という訓練法があります。

①Goal（目標の明確化）、②Reality（現状把握）、③Resource（資源の発見）、④Options（選択肢の創造）、⑤Will（目標達成の意志）という流れになっていて、ワンステップずつクリアしていくように設定されています。

①Goal（目標の明確化）

目標が明確でないと、行動に移すことができません。

また、最初から、大きな目標を設定しなくても、段階を踏んだほうが良い場合もあります。

たとえば、新入社員や、部署が変わったばかりのときは確実な、低めの目標を設定します。これを「ベビーステップ」といいます。ここで大切なことは、目標を支える**「目的」を明確にすること**です。

この目的が明確かどうかで目標達成のモチベーションに大きな影響を与えます。

②Reality（現状把握）

正確な「事実」の把握が大切です。

現状把握が、主観や希望的推測、あるいは過度の悲観で行なわれてしまうと、現在の位置を正確に把握することができず、その後の計画に狂いが生じ、結果として目標に到達できなくなります。

また、現状と目標のギャップを埋めるためにとられてきた**「行動」に対する「自己評価」も重要**です。「現状」と「目標」を埋めるものは「行動」です。それに対して、どう「評価」するかが、その後の達成に大きな影響を与えるからです。

③Resource（資源の発見）

資源とは「目標達成に使えるもの」という意味です。たとえば、「人、物、金、情報、時間」などがこれに当たり、行動計画を立てるときは必ずこれらを意識し、目標達成のためには何が必要かを考えます。

GROWモデル

Goal：目標の明確化
大きな目標→小さな目標

Reality：現状把握
真の問題は何か？

Resource：資源の発見
人、モノ、金、情報、時間他

Options：選択肢の創造
最良は何か？

Will：決意・目標達成の意志
決意は明確か

④Options「選択肢の創造」

よく考えもせず、いつものやり方に飛びついてしまうことを「短略的思考」といいます。複数の選択肢を検討し、目標達成に最善のものを選択することを「戦略的思考」といいます。最低でも３つ以上は検討したいものです。

⑤Will（決意）

目標達成の成否は、部下の本物の「決意」を促すことができるかどうかにかかっています。

この本では「GROWモデル」を土台として、コーチングを、①目的・目標の明確化、②現状の把握、③行動の把握、④自己評価を促す、⑤行動計画、⑥決意の６つに分け「コーチングのプロセス」として説明しています。

43 目的と目標の明確化①

まず両者の違いを把握する

　コーチングで、正しいゴールまで導くためには、モチベーションを維持することが必要です。

　そのためには、目標と目的とを明確にしておくことが重要です。

　一文字違いの「目的」と「目標」ですが、このふたつには明確な違いがあります。

「目的」とは、その言葉のとおりに「的《まと》」、つまり、最終到達点のことであり、それに対して**「目標」とは「標《しるべ》」**です。

　最終的なゴールである「目的」に到達するために、途中のチェックポイントともいうべき「目標」を一つひとつクリアしていくわけです。

「目標」は、目的を達成するための途中のプロセスですから、変更も可能です。

　目標は「目指すもの」ですが、最終到達点ではありません。

　ですから、目的を達成するために設定した目標があったとしても、もし、もっとふさわしい目標が見つかれば、軌道修正できます。

●同じ事柄が目的にも目標にもなる

　たとえば、「富士山に登る」という「目的」があったとします。

　そのときに、「何合目まで登る」というのが目標です。

　どのルートを登るかという方法も目標のひとつになります。

　河口湖口から登るか、富士宮口から登るかなどと検討して、もっともふさわしい登山口が選択されることになります。

　もし、「目的」が「登山家になりたい」あるいは「健康になりたい」という人であれば、「富士山に登る」ということは、ひとつの「目標」になるわけです。

　ビジネスでいうなら、今期の営業目標は「目標」です。

「何のために」その目標を設定し、達成する必要があるのか、その目標を達成することによって「どうなりたいのか」が、目的になります。

「目的」は目標に意味を与えるもので、達成への持続的なモチベーションをつくりだします。

　あなたの部下は、現在、どんな目標をもっていますか？

目的と目標は異なるもの

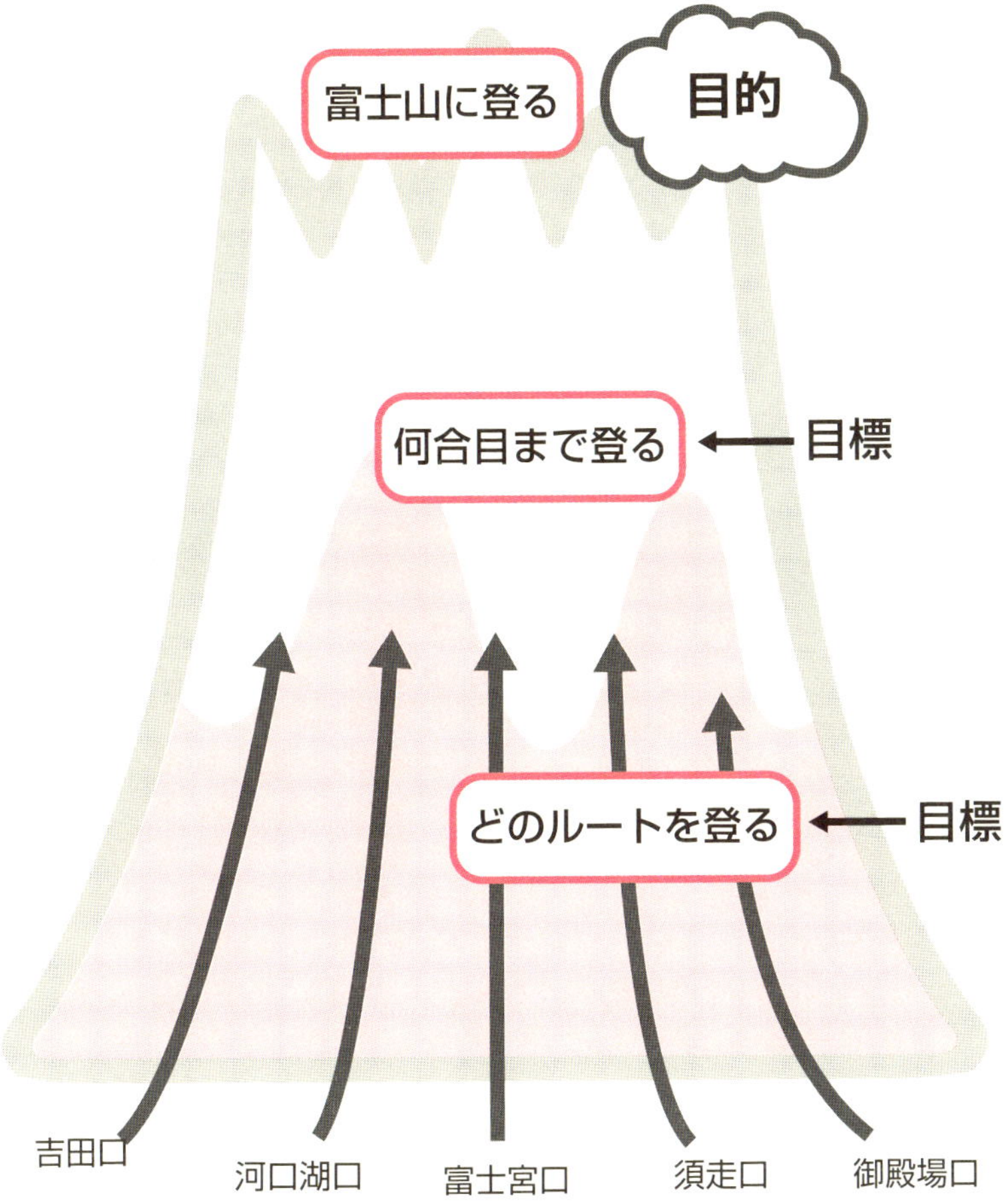
富士山に登る
目的
何合目まで登る
目標
どのルートを登る
目標
吉田口
河口湖口
富士宮口
須走口
御殿場口

「目的」＝ 的 ＝ 最終的なゴール

「目標」＝ 標 ＝ 途中のチェックポイント

「目的」と「目標」を明確にする

44

目的と目標の明確化②

ビジネスも人生も土台には理念が不可欠

私どもの会社では「目的」と「目標」の違い、さらに「目的の必要性」を「アチーブメントピラミッド」という図で説明しています。

目的は「ビジョン」と「人生理念」のふたつに分かれます。

「ビジョン」とは最終到達点であり、「人生理念」とは、それを達成するにあたって、もっとも大事にしている考え方、哲学、価値観などで、企業でいえば「企業理念」にあたるものです。

一方の目標は、目的に支えられた存在でなければなりません。

また、その目的が明確ではないと、目標さえ達成すれば、それで終わりということになってしまいます。

あくまでも目標とは「最終到達点である『目的』を果たすためのもの」であることを見失ってはいけないのです。

ここで、重要になってくるのが、「理念」です。目的、目標を達成するうえで、どんな「考え方」「価値観」「信条」「哲学」を大切にするかというものです。

●理念欠如の危険性

この理念が伴っていないと、たとえば「どんなに悪いことをしても、目標さえ達成すればよい」ということになりかねません。

近年の企業の不祥事の多くは、「理念」の欠如によるものです。

図で示すような「目標の設定」から上の部分だけでなく、理念を土台としたうえで、日々の実践に取り組むことが重要なのです。

目的を明確にするための質問として次のようなものがあります。

「何のために、その目標を達成したいのか？」

「誰のために、何のために、頑張るのか？」

「どんな人になりたいのか？」

「どうなりたいのか？」

「将来のビジョンは？」

「3年後、こんな自分になっていたいというイメージは？」

「大切にしたい価値観は？」

「どんな考え方を大切にしたい？」

ぜひ、部下に質問して、答えを聞いてみてください。

理念から実行に至るアチーブメントピラミッド

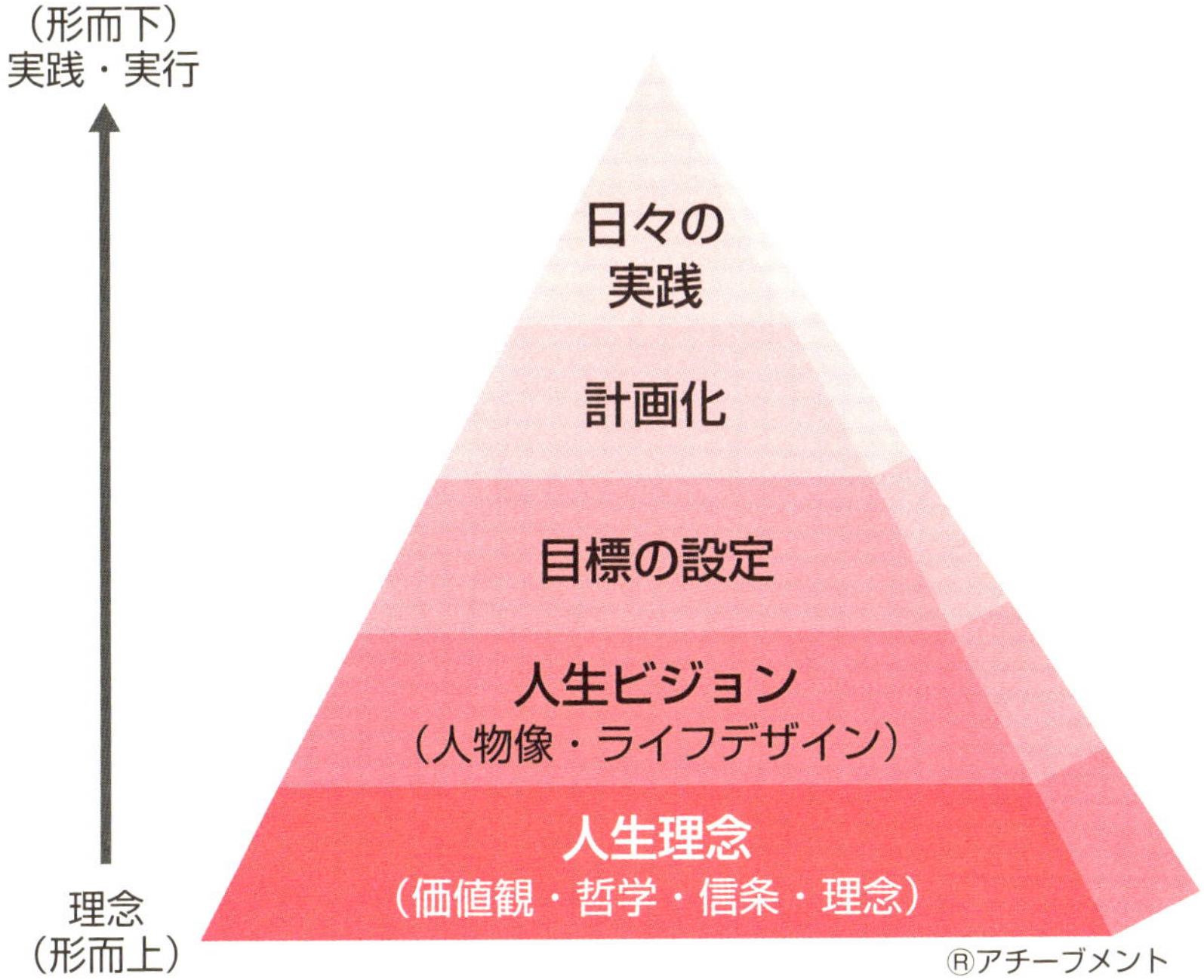
（形而下）
実践・実行
日々の
実践
計画化
目標の設定
人生ビジョン
（人物像・ライフデザイン）
人生理念
（価値観・哲学・信条・理念）
理念
（形而上）
Ⓡアチーブメント

①人生の土台となる価値観をまず固める

②その上に構築するビジョン
　＝人生の目的を明確にする

③目的を遂げるための目標を設定する

④目標を達成するための計画を立てる

45 目的と目標の明確化③

目標設定の仕方と枠組みづくり

コーチングは、部下の目標達成を支援し、部下が主体的に目標達成に向けて行動し続けることを力づけるものです。

したがって、コーチングを行なうには、部下にとって目標が明確になっていなければなりません。

目標は大きく分けて、「TO」につながる「HOPE」「HAVE」「WANT」の3つがあります。

「HOPE TO ～」は、「達成できたらいいなぁ」という目標であり、憧れといってもいいでしょう。

たいてい、非現実的な高い目標になりがちです。

本気で達成したいと思っているわけではなく、達成への決意があるわけでもありません。

部下は、往々にして、このような目標を立てがちですが、目標としてはふさわしくありません。

「HAVE TO ～」は、一般的に会社や上司から与えられる目標です。この目標は「～ねばならない」もので、「強制」と「義務感」がつきまとうために、達成へのモチベーションが上がりにくいものです。

しかも、この「HAVE TO ～」の目標は、本人のなかで、達成したときのプラス面よりも、達成しなかったときのマイナス面が、より大きくイメージされている場合が多いため、

「達成しなかったら、叱られる」

「達成しなかったら、評価が下がる」

といった思いがついてまわります。しかし、会社としては、最低限「HAVE TO ～」の目標は達成してもらわなければなりません。

目標として、もっとも望ましく、部下のモチベーションを上げるのが、「WANT TO ～」の目標です。

ここには部下の主体性と、達成の喜びがあるからです。ただし、「HAVE TO ～」の目標と、「WANT TO ～」の目標がかけ離れている場合、そのふたつを近づけるコーチングが必要です。

また、「目的」の存在も重要で、目標と目的とが表裏一体であることが求められます。

●さらに、SMARTの法則で高める

さらに、ふさわしい目標を設定す

達成力を高めるSMARTの法則

Specific	具体的 ⟷	抽象的
Mesurable	計測可能 ⟷	達成したかわからない
Agree upon	同意している ⟷	同意していない
Realistic	現実的 役に立つ ⟷	非現実的 役に立たない
Timely	期日が明確 ⟷	いつかそのうち

るためのフレームワークとして「SMART」の法則があります。

この法則にそって目標を設定することが達成力を高めます。

S＝Specific…具体的である
M＝Mesurable…計測可能である
A＝Agree upon…同意している
R＝Realistic……現実的である
T＝Timely…期日が明確である

とくに「Agree upon」は重要で、最終的に本人が心の底から「同意」し、達成が明確にイメージでき、その目標に対してプラスのイメージをもち、ワクワクした状態をつくりあげることが重要です。

部下に目標だけを「強制」し、同意していないのにスタートしてしまうようでは、結果が目に見えています。部下も上司も「被害者」になってしまう危険性があります。

目的・目標をどう設定するか――部課長の悩み相談室

２００５年10月29日、スタンフォード大学の卒業式で行なわれたＡｐｐｌｅ社の創業者スティーブ・ジョブズのスピーチは、「人生の目標」について説いたものとして有名です。

●スティーブ・ジョブズのスピーチから何を学ぶか

彼は20歳のとき、友人と二人で実家のガレージでＡｐｐｌｅ社を創業し、その後の10年でＡｐｐｌｅ社を、従業員４０００人以上、売上げ10億ドル企業に育て、一躍、時の起業家としてシリコンバレーで名を馳せます。しかし彼は、Ｍａｃｈｉｎｔｏｓｈを製品化した1年後、30歳のときに取締役会の反乱によって、自分が起業したＡｐｐｌｅ社から追放されます。

彼は、一時はシリコンバレーから去ることも考えますが、その後、紆余曲折を経て、11年後に再びＡｐｐｌｅ社に復帰します。

彼はスピーチのなかで、「Ａｐｐｌｅ社を追い出されたことはレンガで頭を殴られるようなひどいできごとだったが、それは人生で最良なことだったと思い直した」と振り返っています。

最後まで自分がくじけずに、自分自身を奮い立たせることができたのは、自分のやっている仕事が好きだという気持ちがあったからだといいます。すなわち「Ｗａｎｔ ｔｏ」が彼を支え続けたのです。ジョブズはスピーチのしめくくりで次のように述べています。

・自分の好きなことを見つけなければならない
・本当に心の底から満足を得たいなら進む道は唯一つ自分が素晴らしいと信じる仕事をするしかない
・偉大な仕事をする唯一の方法は仕事を愛すること
・まだ見つからないなら探し続けること
・落ち着いてしまってはいけない

会社の仕事は本人の「Ｗａｎｔ ｔｏ」よりも、しなければならないこと、すなわち「Ｈａｖｅ ｔｏ」で動いています。

上司は部下が、「Ｈａｖｅ ｔｏ」を「Ｗａｎｔ ｔｏ」にするか、「Ｈａｖｅ ｔｏ」のなかに「Ｗａｎｔ ｔｏ」を見出せるようにアシストするのが役割です。

●私の経験談

私は32歳から、人材教育コンサルタントの仕事をしています。最初は営業からスタートし、トレーナーになりました。トレーナーとして1年が経ち、仕事が本

Column——コーチングの現場から

当に面白くなってきました。人前で話すこと、人に影響を与えること……この仕事の深さを知れば知るほど夢中になっていったのです。

ところが、あるとき、社長から、いきなり研修サポート課に移るようにと言われたのです。

研修サポート課は研修の準備をしたり、会場をとったり、資料を揃えたり、要はトレーナーが研修をしやすく、参加者が良い環境で研修に参加できるようにするための仕事を行なうセクションです。

私は、人と直接関わる営業、トレーナーが大好きでした。しかし、研修サポート課の仕事は直接お客様と関わる仕事ではありません。私は、その仕事に意味を見出すことができませんでした。

●目からウロコが落ちた瞬間

あるとき、公開研修が始まる日の朝早く、私が参加者の椅子を一つひとつ、雑巾で拭いていました。

そのとき、早くに来た研修参加者がその様子を見ていて、私のところに来てこう言ったのです。

「素晴らしい会社ですね。ここまでやってくださるなら一生懸命、研修に参加しなければなりませんね」

あとで教えてくれたことですが、彼は研修に参加したくないと、断りにきたのだそうです。このできごとは、私にとって大きなものとなりました。

研修を行なうのに、トレーナーも、サポート課もどちらが重要ということはない。すべては、参加者に大きな価値を得ていただくためにある。仕事の違いは役割の違いでしかない……。その後は、研修サポートの仕事が面白くなってきました。「研修参加者にたくさんの価値を得てほしい」という思いで一杯でした。

その後、しばらくしてから、私はまた営業、トレーナーに戻りました。

トレーナーとして人前に立ったとき、以前とは違った気持ちが溢れました。お客様への感謝、スタッフへの感謝、仕事への感謝……。そのとき私はつくづく思いました。「Have to」の仕事のなかにいかに「Want to」を見出すことが大切か。

社長は最後まで理由を言ってくれませんでしたが、少し荒っぽいやり方で、私に大きな成長の機会をつくってくれ、私のなかから仕事の意味を見出す力を引き出してくれたという点では、これこそ素晴らしいコーチだったのかもしれません。

46 現状の把握

まずはギャップを正しく認識すること

上司と部下の双方が、どれだけ「現状」を正確に把握できるかは、コーチングプロセスにおいて、きわめて重要です。

「現状」を正確に把握すると、目標達成に向けて、進捗しているべき状況と現状との「ギャップ」が明確になります。

「ギャップ」が明確になれば達成すべき目標も明確になります。

上司は部下から、「問題が発生しました」「困っているんです」と言われることがあるでしょう。

そのときに、上司は、部下から正確な現状を聞きだし、「何をしているのか」「何をするか」の前に、まず、現状を正確に把握することが必要なのです。

事実を正確に把握することは、けっして簡単ではありません。

なぜなら、これまで、いかに努力してきたかとか、こうするつもりだったとか、未来に対する希望であるとか、さまざまな「主観」が入ってくるからです。

しかし、それらは、いったん脇に置きます。重要なのは、まず現状を「事実」として正確に把握することです。

そうしないと、正確な「ギャップ」がわからず、その後の効果的な計画を立てることができません。

●客観的事実だけをみる

現状を把握するうえで、重要なことは客観的な事実に目を向けることです。

たとえば、今月の売上げ目標が１億円で、残された期間が１週間だったとします。

そこで把握したいのは、「月末まで、あと７日」「現在の売上げは４０００万円」、そして「残り６０００万円を売り上げなければならない」という事実です。

「主観」や「推測」は排除します。

「別のお客様が、１０００万円買うと言っているので、残りは５０００万円です」と言ったところで、それが口約束で、契約書も取り交わされていなければ、「主観」「推測」に過ぎません。

注意しなければならないことは、

客観的事実がコーチングのベースになる
目　標
進捗しているべき状況
ギャップ
明確になれば
達成すべき
目標がみえる
現　状
客観的事実であること
●主観を排すること
●推測を排すること
●思い込みを排すること

上司は部下が事実をそのまま表現しやすい環境をつくることです。

不用意に叱責したり、怒鳴ったりすると、部下は萎縮してしまい、問題を隠そうとしたり、言い訳をしたりして、結局、事実が見えなくなってしまいます。上司は落ち着いて、冷静に部下に関わらなければなりません。

たとえば、部下への質問として、次のようなものが考えられます。

▼進捗すべき状況に対して、現在の達成率は何パーセントですか？
▼何が、いちばん問題ですか？
▼どこが、難しいですか？
▼何がうまくいっていて、何がうまくいっていないのですか？
▼その判断の根拠は何ですか？

こうした質問に、部下が正しく答えることで、現状を正確に把握することができるのです。

47 自己評価を促す

ギャップを埋めるものは何か

部下の行動を明確にし、それに対する自己評価を促すことはコーチングプロセスのなかでも、もっとも重要な位置を占めます。

まず、進捗しているべき状況と現状とのギャップを把握してください。そのうえで、**ギャップを埋めるために部下がとっている「行動」に着目**します。

部下の「考え」には焦点をあてません。なぜなら、**目標と現状のギャップを埋め合わせるのはあくまでも「行動」**だからです。

どんなに前向きな気持ちや、積極的な考えをもっていたとしても、適切な行動がとられなければ、ギャップを埋め、目標を達成させることはできません。

ですから、上司は部下に、冷静に「何をしているんですか?」と、その行動を訊く必要があるわけです。

たとえば、今月の売上げ目標が1億円だったとして、残すところ7日で、現在の売上げが4000万円だとすると、残りの6000万円をつくりだすために、部下は、いま、何をしているのかを把握しなければなりません。

「1日に2件、アポをとっています」とか、「毎日、二人に会っている」といった行動を確認したうえで、部下に自己評価を促すのです。

たとえば、「いま、行なっていることで、目標達成は可能だと思いますか?」といった質問をします。

ここで、大切なのは上司のほうから先に評価してしまってはいけないということです。

「それで、できると思っているのか」「無理じゃないか」などと言ってはいけません。

目標はあくまで部下の目標です。それを、達成するのは部下の仕事です。この**自己評価のプロセスこそが部下の「成長」をつくりだす**のです。

●返事はじっと待つ

部下に自己評価を促したら、上司は黙ります。言葉を挟んではいけません。

自己評価を促された部下は、意識のなかに、さまざまなことが生じます。現実を受け入れられないという

正しい「自己評価」ができるか？

正しい自己評価を阻害する要因

- 甘い見通し
- 他責にする
- 今までの努力を認めてほしい
- 自分に厳しすぎる
- 他人への依存
- 無計画

思いや、言い訳、あるいは希望だったりします。しかし、この「自己評価」が、次へのコミットメントをつくりだすのです。

ときとして、現在の「行動」と「自己評価」を促すプロセスのなかで、部下が「他責」の状態に陥ってしまうこともあります。

「お客様がＹＥＳと言ってくれない」「やり方を教わっていない」「目標は自分が決めたのではない」「上司のフォローがない」「世の中、不況だから」……。このような状態になっていたら、次の行動計画に移ることはできません。

行動計画は、あくまで自分の責任でやりぬくという決意を前提にしています。

他責の状態のまま、行動計画に移ったとしても、行動計画を立てても無駄です。

48 行動計画

計画を立てる重要ポイント

行動計画を立てるためには、まず、**使える資源（Resource）は何かを検討**します。

具体的にいえば、人や物、お金や情報、時間などがこれにあたります。

もちろん、部下のそれまでの成功体験も有効な資源になります。

自らの成功体験のなかには、未来に対する大きなヒントが隠されている場合があるのです。

私もよく、部下に質問をします。

「過去の成功体験から、学べることは？」

「あのときは、どのようにして切り抜けたの？」

「あの素晴らしい成果の、もっとも大きな要因は？」

このように訊くと、部下の目が輝いてきます。成功から得た自信を取り戻すためです。

さらに、仲間やチームへ意識を拡張させることも必要です。

一人で考え、行動していると、意識が自分だけに集中しがちです。そんなとき、

「そのために誰かの力を借りることができますか？」

「その件に関して、もっとも詳しい人は誰ですか？」

「誰からのアドバイスを受けたいですか？」

といった質問をすると、意識が拡張します。

●選択肢を考える

さらに、**計画ができあがりつつあったら、選択肢（Options）を考えます**。この選択肢は、最低でも3つ以上が必要です。

「ほかに方法はありませんか？」

「もっと良い方法を考えてみてください」

「そのために、どんな方法があるか10通り書き出してみましょう」

と果敢に質問をしていきます。ときには「究極の質問」をします。

「あなたが今月、目標を達成しなかったら会社が潰れるとします。さて、何をしますか？」

「過去の3倍の売上げをつくらなければならないとしたら、何をしますか？」

ここでは、既存の方法に捉われず意識を広げることが重要です。

行動計画のための5W2H

行動計画
Who（誰が）
When（いつ）
Where（どこで）
What（何を）
Why（なぜ）
How（どのように）
How much（いくらで）

さらにおすすめなのが、複数人によるブレーンストーミングを促すことです。

選択肢を増やすには、一人で考えるよりも、複数の人と考えることで、創造的で発展的なアイデアも生まれます。

一人よりも二人、二人よりも三人のほうが効果的です。

行動計画は、具体的に5W2Hにもとづいて立てていきます。

「誰が（Who）、いつ（When）、どこで（Where）、何を（What）、なぜ（Why）、どのように（How）、いくらで（How Much）」です。

あらゆる資源を検討し、そのなかから選択肢を模索し、5W2Hにもとづいて実行計画が立てられたら、いよいよ最後は意志の確認です。

49 決意

部下の決意の本気度を見抜く

コーチングプロセスの最後に、意志（Will）を確認し、決意を促すことを忘れてはいけません。計画を実行していくのは部下です。

この**計画がうまくいくかどうかは、最終的には部下の意志にかかっています**。

部下の意志を確認し、決意を促すことは、上司として、部下の成功を後押しすることになります。

部下の意志を確認しないで「任せた」というのでは、上司として無責任です。

上司は最後の最後まで、部下の目標達成を支援しなければならないのです。

部下が明確に決意をするためには、次のことが部下のなかで明確になっていることが必要です。

▼その目標を本当に達成したいか（欲求）

▼その目標は本当に達成しなければならないか（必要性）

▼その目標を達成する意味は何か（目的）

▼その目標を達成する手段・方法・道筋は明確か（行動計画）

●「やります」の一言でスタート

部下には、「やりますか？」と質問をします。

部下がすっきり「やります」と答える場合は、前記のことが明確になっている証拠です。

もしもこのとき、部下が「なんとなくスッキリしないようす」だったり、「口ごもってしまう」といったようであれば、そのままにしておくことはできません。

そのあたりについて、上司は部下を、きちんと観察しなければならないのです。

不安そうにしている場合は、遠慮せずに「どうしましたか？」と訊くことです。

部下のなかで、何かが不明確のままでスタートさせてしまうことは、最初から負け戦をさせるようなものです。

目標達成に向けて良いスタートを切るためには、上司も部下も、前記にあげた点が明確になっていることが必要です。

決意を支える要素

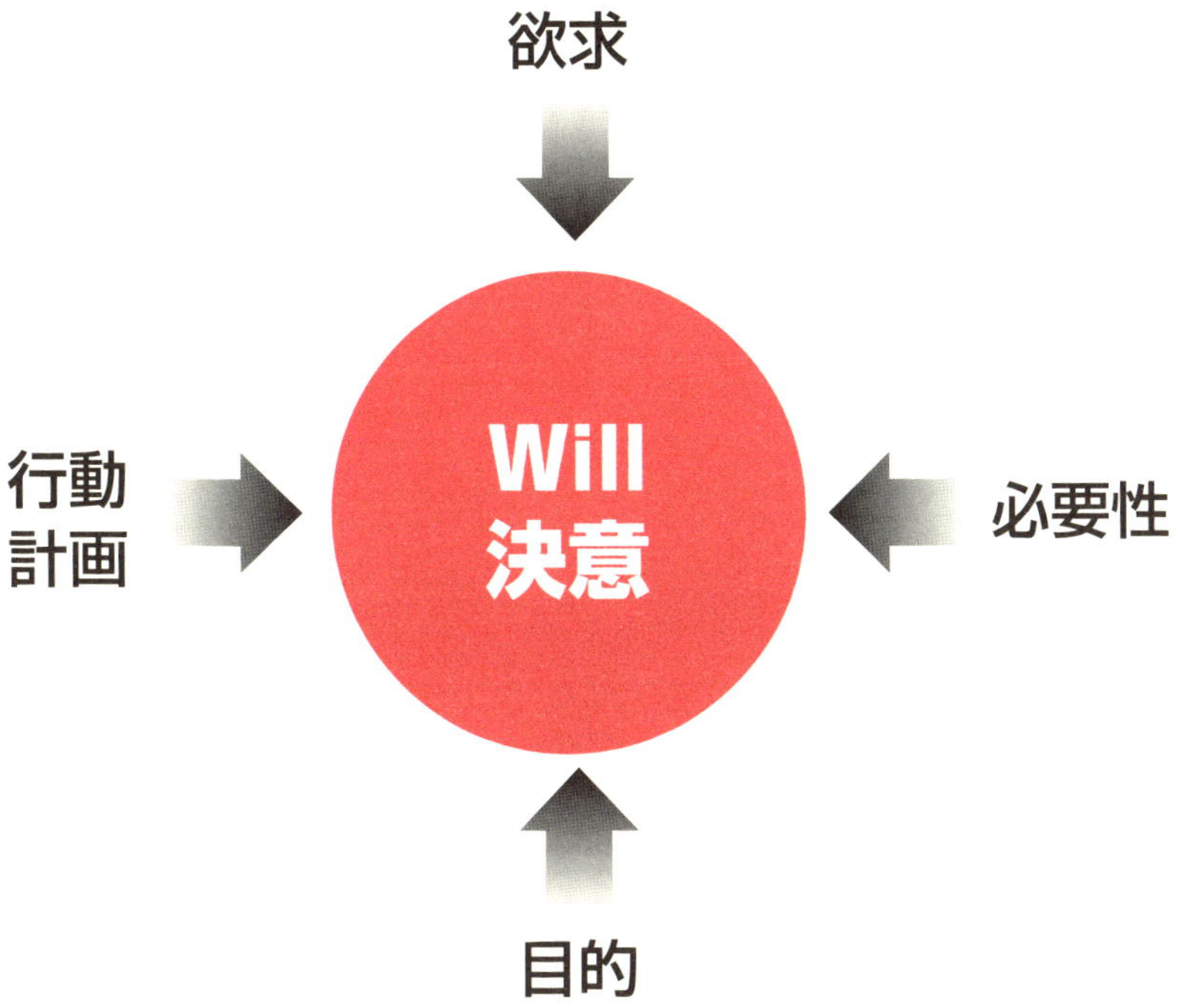

欲求	「本当に達成したいか？」
必要性	「本当に達成しなければならないか？」
目的	「達成する意味は何か？」
行動計画	「達成する手段・方法・道筋は明確か？」

第8章

DiSC理論から学ぶ部下の能力をフルに発揮させる方法

CaseStudy 08

こんな間違った部下指導をしていませんか?

テーマ

一方的に叱る上司

悪い例

上司「例のプロジェクトの件だけど、昨日、私を飛び越えて、直接、部長に話をしに行ったらしいね」

部下「はい」

上司「どういうこと?」

部下「申し訳ありません。じつは……」

上司「理由はともかく、私の立場はどうなるの?」

部下「……」

上司「こういうことは二度とするなよ。いいな」

部下「はい……」

なぜいけないか

❖上司が自分の立場を一方的に主張しているにすぎず、コミュニケーションが双方向になっていない。部下が納得できるような話を何ひとつしていない。

良い例

上司「例のプロジェクトの件だけど、昨日、私を飛び越えて、直接、部長に話をしに行ったらしいね」

部下「はい」

上司「いつも頑張ってくれているキミだから言っておくね。私としては、まず私に話してほしいんだ。どうして私を飛び越えたの？」

部下「申し訳ありません。課長がいらっしゃらなかったので、つい部長に頼んでしまいました。これからは気をつけます」

上司「うちの部署を引っ張っていくリーダーだから、そのくらいのパワーは必要だね。期待しているよ」

部下「必ず、成功させます」

なぜ、良いか

◉冷静に「どうして飛び越えたのか」を訊いている。「頑張っている君だから」と前置きすることで、部下は受け取りやすい。期待を伝えていることによって、部下の「申し訳ない」という気持ちを「頑張ろう」という気持ちに転化させている。

◀◀◀部下を育てる指導については本文で◀◀◀

50 自発性を引き出すのに知っておきたいこと

何よりも部下の行動パターンを知る

あなたは部下をどれだけ理解していますか？

これまで述べてきたように、コーチングとは「相手の自発的な行動を促進させるためのコミュニケーション」をいいます。

部下の自発的な行動を引き出すためには、部下を理解することが不可欠です。

部下にかぎらず、**相手を理解しないで、その自発性を引き出すことなどできません**。

では、上司は部下の何を理解する必要があるのでしょうか。

性格、考え方、感性、生い立ち……そういったものもふくめて、多くのことを理解するに越したことはありません。

しかし、自発性を引き出すという意味では、最低限、次のことを理解する必要があります。

まず、**部下の「基本的な欲求」**です。人には生存の欲求、愛と所属の欲求、力の欲求、自由の欲求、楽しみの欲求などがあります。もちろん、どの欲求が強いかは、人によって違います。

人が生きるということは、つまるところ、欲求を満たすための営みです。たとえば、私の場合は、愛と所属の欲求が強いので、人と関わり、人とつながり、承認されると、モチベーションは高まります。また一人で仕事をすることを好みません。

部下の「上質世界」も重要です。

上質世界とは、部下の欲求を満たすと思われる人や物、価値観が入ったイメージの世界です。願望（ビジョン）と置き換えてもよいでしょう。

人は誰でも、自分の願望を満たそうとしています。最終的に願望を満たすことによって、基本的な欲求を満たすことができるからです。

●部下の能力を正確に把握する

上司は、その仕事に当たっている部下の「能力レベル」を正確に把握していなければなりません。

そのレベルに応じて上司の関わり方、すなわちコーチングスタイルも違ってくるからです。

そして、ぜひ皆さんにおすすめしたいのが、**部下の「行動パターン」**

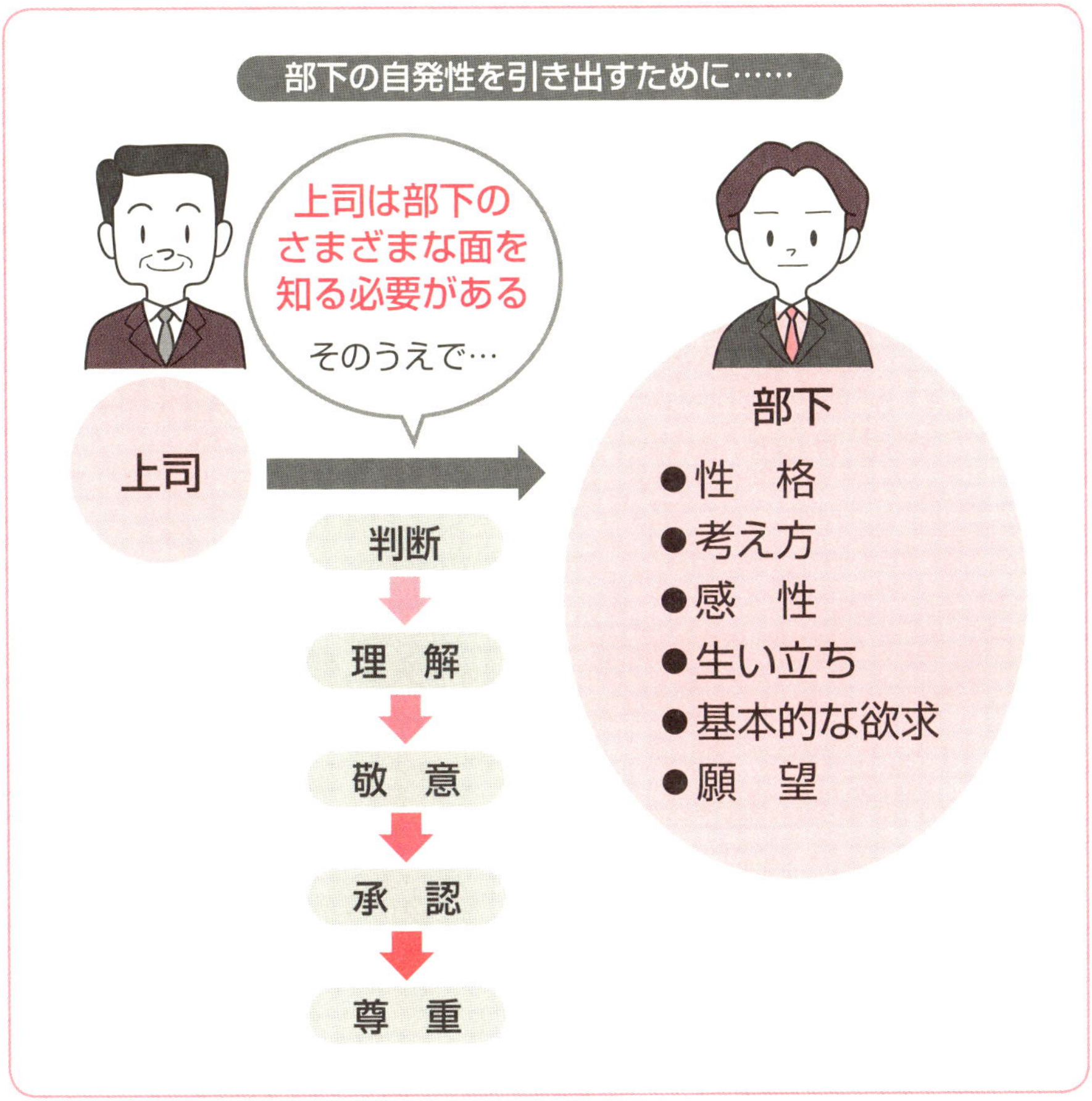
部下の自発性を引き出すために……
上司は部下のさまざまな面を知る必要がある
そのうえで…
上司
判断
理　解
敬　意
承　認
尊　重
部下
●性　格
●考え方
●感　性
●生い立ち
●基本的な欲求
●願　望

を知ることです。

皆さんの部下を思い浮かべてみてください。

さまざまな行動や言葉を使っているとは思いますが、よく観察してみると、その人なりのパターンが必ずあることに気がつくはずです。

結果をすぐに求める人、慎重な人、他人と関わろうとする人、一人で仕事をしようとする人、納得するまで時間のかかる人、即座に行動に出ようとする人、聞き上手な人、話すことを好む人など、さまざまです。

人の個性は、まさに十人十色、百人百様、千差万別……です。

それを的確に判断し、理解し、個性として尊重することも、上司の役目です。

しかも、こうした傾向は、性格や考え方とは異なり、外から見えるものなので、いくつかに類型化することが可能です。

51 行動パターンによる部下のタイプ分けのすすめ

内面分析よりもわかりやすく明確

性格心理学や人間学に基づく「エニアグラム」や精神分析を基にした「エゴグラム」など、人をタイプ分けする理論は数多くあります。

ここでは行動心理学に基づく「DiSC理論」を紹介します。

動機欲求に基づいた人の行動を4つのパターンに分類して、その行動の特徴を明らかにしたものです。

この理論は、アメリカの心理学者ウィリアム・マーストン博士（1893〜1947年）が1920年代に提唱した理論を基にしています。

DiSCの分類は次の通りです。

D……主導型(Dominance)
i……感化型(influence)
S……安定型(Steadiness)
C……慎重型(Conscientiousuness)

このDiSCは世界各国で多くの実証試験が行なわれており、もっとも一般的な分析ツールとして広く利用されています。

欧米のコーチングの教本でも、このDiSCによる個別対応の有効性が紹介されています。

DiSCは「性格」「考え方」「感性」など人の内面を分析するものではなく、「行動パターン」という外的な部分を分析するので、わかりやすく、私もさまざまな研修で、このツールを使っています。

部下の行動傾向を理解すると「部下を変えよう」という呪縛から解放されます。

行動傾向は、その部下の持ち味ということが理解できるからです。

●部下の持ち味や強みとは

私の指示に対して、頻繁に「なぜですか？」「もう少し分析をしてみないと」「いまひとつ納得できません」と言ってくる部下がいました。

私は彼を「反抗的な部下」とみて、良い関係性をつくることができず、どうしたら彼を変えられるかということばかり考えていました。

しかし、その後、DiSCを通して彼を見てみると、じつは彼がC（慎重型）の傾向性が圧倒的に強いことがわかりました。

Cは物事を慎重に進めていきます。納得しながら、正確に事を運んでいきたいのです。

彼は私に反抗していたわけではなく、ただ精一杯、自分自身を表現し

部下のタイプ分け

DiSCとは――人の行動パターンを

D（主導傾向）

i（感化傾向）

S（安定傾向）

C（慎重傾向）

という４つの要素の強弱バランスで整理した行動心理学上の理論である。

（ウィリアム・ムートン・マーストン博士）

ていたのです。すなわち、彼自身の持ち味や強みが態度としてあらわれたものだったのです。

そのような観点から彼を見ると、仕事を論理的に進め、最後まで正確にやり遂げ、細部にまでこだわる姿が見えてきました。

その後の私は、彼の強みを尊重し、活かすよう心がけました。

彼が質問をしてくると、むしろ仕事のクオリティを高める良い機会と捉えるようにしたのはもちろん、ときには、こちらからも質問をするようにしたのです。

彼との関係性が劇的に変化したことはいうまでもありません。

ＤｉＳＣという観点から、部下の強みをより深く理解し、部下を効果的にコーチングするための目安にしていただけたらと思います。

52

主導型Ｄタイプに対するコーチングのしかたは？

「成果・結果」に重点を置くのが効果的

これから4項目にわたり、前項で解説したＤｉＳＣ理論にもとづき、各タイプ別に説明していきます。

まずＤの要素が高い部下は、人からコントロールされることを嫌がり、自分で仕切りたがります。

意思決定が速く、自分なりのやり方で結果を出そうとし、人に対して言いたいことをはっきり言います。

しかし、ルールや細かいこと、また全体のチームワークにはあまり関心がありません。

まとめると次のようになります。

▼結果を直ちに求める

早く成果を出そうとし、要は、どのようにすることが必要なのかと結果を求める。

▼行動を起こす

悩んだり考えたりするよりも、まず行動を起こそうとする。

▼挑戦を受けて立つ

困難、プレッシャーにたじろぐことなく闘おうとする。

▼意思決定が速い

買うか買わないか、やるかやらないか、速い意思決定をする。

▼現状に疑問を投げかける

マニュアル化されたやり方、既存のパッケージは気に入らない。自分のやり方、自己流を主張したがる。

▼権限を求める

いちいち人の指示を受けることや、決裁を受けるのを嫌がる。自分で仕切りたがる。

自分の部下の行動を思い起こしてみてください。これらの行動や傾向性が強く出ているようなら、その部下はＤの要素が高いと言えます。

ひょっとすると職場では「怖い」とか「自分勝手」「わがまま」と思われている存在かもしれません。

●期待していることを伝える

まず、**部下がチャレンジしたくなるような目標（ゴール）を明示して**あげることが大切です。

部下には期待していることを伝え、次の大きな仕事へのチャレンジを積極的に促すと、やる気がさらに高まります。

「この仕事を任せられるのは、君しかいない」

Dの要素が高い部下の行動傾向

1. “自己の価値”を高く評価している
2. 仕事中心、成果重視
3. 単刀直入な方法で動機づけられる
4. 基本的な恐れ――利用されること
5. 他人の考えや感情に対してうとい

「君なら、結果を出してくれると信じている」

「この仕事で成果を出してくれたら、さらに大きな仕事を任せる」

などのように「成果、結果」に重点を置いて関わるのが効果的です。

社内に、Dが相当高い部下がいます。自分で考え、自分で行動し、結果をつくっています。しかし、彼は部下育成にはあまり興味がなく、部下を預けても、自分の目標を達成するための道具でしかありませんでした。それに気づいた彼の部下は、部署替えを要求してきました。

私は、まだ若い彼の強みを活かすために、部下ではなくアシスタントをつけることにしました。彼はその後、気兼ねなく活き活きと成果をつくっています。彼に部下をつけるのは、もう少し先にしようと思います。

53 感化型iタイプに対するコーチングのしかたは？

気づいたことを言葉にあらわし、ほめてあげる

iの要素が高い部下は、社交的で人と接することを好みます。感情表現が豊かで肯定的です。また、前向きで明るく、周囲も明るくします。

その反面、緻密さに欠け、仕事の成果や人に対して厳しさに欠ける傾向があります。

要は楽観的なのです。

まとめると次のようになります。

▼人と接する

自分から積極的に人と関わろうとします。

▼良い印象を与える

肯定的で、明るい、ムードメーカーです。

▼はっきりものを言う

感情表現が豊かで、表現に抑揚もあります。

▼やる気を起こす環境をつくる

「どうせやるなら楽しくやろう」と、人に呼びかけることも得意です。

▼人を励ます

自ら援助を申し出て、人を喜ばせます。

▼楽観的

難しいことでも、安易に引き受けてしまいますが、あまり後悔はしません。

このような部下が、あなたのまわりにはいませんか？

じつは、私（筆者）もかなりiの傾向が高く、ほめられると深く考えもせず、いろいろなことを引き受けてしまう傾向があります。

人に受け容れられたいという気持ちが強いので、なかなか「ＮＯ」といえません。

また、人をほめることは得意ですが、叱ったり、厳しく言ったりすることは苦手です。その後の「関係性」のほうを重視してしまうところがあるためです。

●存在を認めてほめる

もっとも効果的なのは、**気づいたことを言葉にあらわし、ほめてあげること**です。

「ほめられたい」「受け容れられたい」という気持ちは誰でももっていますが、iタイプの人は、その傾向が、とくに強いのです。

態度、服装のセンス、仕事の成果、

iの要素が高い部下の行動傾向

1. 楽観的
2. 社交的
3. 周囲からの承認で動機づけられる
4. 基本的な恐れ――周囲から拒絶されること
5. まとまりがない

表情など、ほめるものは何でもいいのです。

「あなたが必要」「あなたと一緒に仕事ができてうれしい」といった言葉でもよいでしょう。

逆に、iの高い部下に対して、その存在や働きを無視したり、正確で緻密なことを求めたり、単調な業務を強いたりすると、やる気がなくなってしまいます。

また、iの高い部下は楽観的で、期限を守らなかったり、物事の優先順位が明確でなかったりしますから、コーチングにあたっては注意が必要です。

私も楽観的ですが、期限や時間を守らないことがあり、他人に迷惑をかけることもあります。自覚して、気をつけてはいるのですが……。

心当たりのあるiの高い人は気をつけましょう。

54 安定型Sタイプに対するコーチングのしかたは?

安定した環境の下で能力を発揮させる

Sの要素が高い部下は、安定した状況を好み、変化を嫌う傾向があります。たとえば、慣れ親しんだ従来のやり方で、成果をあげようとするわけです。

そのため、新商品や新企画、新規開拓など「新しいもの」への適応は遅くなりがちです。

自ら決断し、行動するという積極性には欠けますが、チームワークを大事にし、協調性があり、人に対してとても協力的です。

まとめると次のようになります。

▼定例化された仕事のやり方をする

慣例、決まり、マニュアルを大切にして、間違いのないやり方を実践します。

▼忍耐力がある

同じことでも、飽きることなくコツコツと最後まで粘り強くやり遂げます。

▼ロイヤリティ（忠誠心）がある

任務を遂行するために、言われたことを、言われたとおりにやろうとします。

また、相手の立場に立ってサポートしようとします。

▼聴き上手である

人を受け容れながら聴く姿勢は「最高の聴き上手」といってよいでしょう。

▼安定した仕事環境で力を発揮する

ときどき、やる気をなくすことはあっても、職場を去ることは、ほとんどありません。

ひとつの会社、ひとつの職場にいて、じっくりと成果をつくるタイプです。

●親身になって相談にのること

Sの高い部下は、**安定した環境のなかで着実な成果をつくっていきます**。そのため、一気にチャレンジさせるようなことは、好ましくありません。

部下にとってそれは「変化」であり、むしろ不安定な気持ちになってしまいます。

そのような場合は、具体的な方法、手順、やり方について、親身になって相談にのってあげることがとても重要です。

「君がいるので安心している」

Sの要素が高い部下の行動傾向

1. 実際的なチームプレイヤー
2. 具体性を重視
3. 慣例によって動機づけられる
4. 基本的な恐れ――安定を失うこと
5. 現状を維持し、波風を立てない生き方

「このやり方で大丈夫。もし、うまくいかなかったら、いつでも言ってきてくれ」

などと言われると大きな力を発揮します。

また、Sの高い部下はとても聴き上手です。

相手の気持ちを尊重してしまうSは、聴きながら、つい相手に同情してしまう傾向があります。

はっきり言うべきときに、チームの和や雰囲気を考慮してしまい、言えないこともあります。

以前、ある金融機関で研修をしたとき、DiSCサーベイで行員の行動傾向を分析したところ、圧倒的にS傾向が多く出ました。

規則やルールなど、「守らなければならないことが多い金融機関ならではの結果」だと思ったことがあります。

55 慎重型Cタイプに対するコーチングのしかたは？

適切な根拠を示しながら丁寧に指導する

Cの要素が高い部下が重視するのは「事実」です。

人がどう感じているかというよりも、データや資料などの事実に基づいて考えます。物事を分析的、論理的に考える傾向があり、納得するまで細部にもこだわります。

まとめると次のようになります。

▼細部に注意をはらう

少々のミス、間違いも許しません。隅々までチェックします。

▼正確さをチェックする

データ、資料、数値を駆使して、正しさ、合理性を追求します。

▼衝突に関しては巧妙で間接的なアプローチをする

一方では妥協し、一方では人を介したりして衝突を回避したりしようとします。

▼状況や活動に対して系統的、一貫性のあるアプローチをする

一見して複雑な状況に対しても論理性、一貫性を見出して整理します。

▼賛否両論をじっくりはかりにかけ分析検討する

一方の意見を鵜呑みにしません。反論もしっかり検討したうえで結論を出そうとします。

●質問に答えて納得させる

Cの要素が高い部下は、上司のあなたにたくさん質問をしてきます。それを反抗と受け取ってはいけません。その部下は、あらゆることに対して自分の頭で納得したいのです。

納得したうえで動くというのが、その部下の持ち味ですから、あなたは適切な根拠を示しながら、丁寧に答えることが必要です。

Cの要素が高い部下は、正しさと納得することにこだわりますので、明確な根拠なしに指示やルールが頻繁に、しかも急に変わることを嫌がります。

また、確認するための時間やデータを与えられずに、決断を迫られることも嫌がります。

さらに、自分が考えたやり方、組立てなどに批判が加えられることに対しては防御的になりがちです。

自分にも厳しいけれど他人にも厳しいという傾向があります。

とても冷静なので、ときには、ま

Cの要素が高い部下の行動傾向

1. 正確、緻密さ、質を重視する
2. 直観的
3. 適切な方法によって動機づけられる——自制心がある
4. 基本的な恐れ——自分のやり方に対する批判
5. 自分にも人にも過度に批判的で、要求が多い

わりの人にとっつきにくいという印象を与えるかもしれません。

★

あなたの部下はD i S Cのどのタイプでしょうか。部下の主体性を引き出し、やる気にさせるためには部下のタイプを理解し、それに合わせたコーチングをすることが効果的です。まず、部下の一人ひとりを思い起こして、何タイプかをじっくり考えてみてください。

もちろん、この行動傾向は一人にひとつというわけではありません。「Dとi」とか「Sとi」「CとS」というように複数兼ね備えている場合もあります。

どの傾向が強いかを見て、そこから戦略を練り、コーチングを行なってください。これまでよりも、はるかに効果的に部下を動かすことができるはずです。

（注）「D i S C」理論に関してはInscape Publishing社が著作権を所有し、日本語版商品開発権および総販売代理権はＨＲＤが保有しています。

コーチング こぼれ話④

●D・i・S・C理論の使用上の注意

部下の主体性を引き出そうとするために役立つ「D・i・S・C理論」のタイプ分けについて、注意すべき点がふたつあります。

ひとつは、タイプ分けをしたからといって、どのタイプが優れていて、どのタイプが劣っているということはないということです。どのタイプにも得意とする領域があれば不得意とする領域があるのです。

その人のタイプは、その人の長い歴史のなかでつくられた、その人なりの持ち味、強みなのです。

もうひとつは、タイプ分けは、その人の人格や、関わり方を決定するものではないということです。

「この部下は、こういう性格だからこういう関わりをすればよいだろう」と安易な決めつけをしてはいけないということです。それは却って、コミュニケーションを狭めてしまうことになります。

あくまでタイプ分けはその人を尊重し、お互いに良い関わりをつくるためのヒントを見つけるためのツールといってよいでしょう。それをわかったうえで参考にしてくだされば、きっとコーチングの実践に大きな力を発揮することでしょう。

■佐藤　英郎（さとう　えいろう）
北海道出身。明治大学法学部卒業後、同大学法制研究所を経て、研修コンサルタント事業に30年携わる。現在、アチーブメント株式会社取締役・主席トレーナー及び現実行動マネジメント研究所所長。

公開研修及び管理職研修を全国で展開、その受講生は20万人にものぼる。

リーダーシップ理論、ビジネスコーチング、DiSC理論などを組み合わせた、その卓越した指導内容は多くの企業、参加者の高い評価を得ている。

国際コーチ連盟（ICF）マスター認定コーチ、DiSCマスタートレーナー、全日本能率連盟認定マスター・マネージメントコンサルタント、HRDシニアコンサルタント、日本選択理論心理学会会員。

著書に『職場のコーチング術』『部下をひきつける上司の会話術』（以上、アーク出版）、『気づく人気づかぬ人』『キッズコーチング』『人生が変わる瞬間』（アチーブメント出版）ほか多数。

プレイングマネジャーのための
㊍図解コーチング術

2010年８月10日　初版発行
2018年２月10日　第４刷発行

■著　者　佐藤　英郎
■発行者　川口　渉
■発行所　株式会社アーク出版
〒162-0843　東京都新宿区市谷田町2-23　第2三幸ビル2F
TEL.03-5261-4081
FAX.03-5206-1273
ホームページ http://www.ark-pub.com
■印刷・製本所　新灯印刷株式会社

©E.Sato 2010 Printed in Japan
落丁・乱丁の場合はお取り替えいたします。
ISBN978-4-86059-094-9

アーク出版の本　好評発売中

スーパー上司力！

職場に活気がみなぎり、部下のモチベーションを高めるには、どうすればいいのか——部下を想い、部下を熱くさせた「スーパー上司」たちの選りすぐりの40の工夫をピックアップ。費用も時間もかけず、しかも身近な題材でできる「職場修復」の決定版！ 大企業でも続々採用中。

酒井英之著／四六判並製　定価1,512円（税込）

部下をひきつける上司の会話術

部下に能力を発揮させ、部下をやる気にさせて、アクティブに働いてもらうのは上司の大切な仕事。そのために重要なのが、言葉の使い方と話し方。本書は、どんなに厳しい時代にあっても、部下のモチベーションを高めるノウハウが詰まった一冊。

佐藤英郎著／四六判並製　定価1,512円（税込）

部下の能力を100%引き出す
職場のコーチング術

どうすれば部下はやる気になるか？　教えられる部下は育たない／質問することで部下は鍛えられる／部下に合わせたコーチング術など、職場におけるコーチングの実際をケーススタディで紹介。部下がついてくる上司になれるスキル満載の書。

佐藤英郎著／B6判並製　定価1,512円（税込）

定価変更の場合はご了承ください。